Trump ¿un capo de la mafia?

Trump ¿un capo de la mafia?

Una impactante investigación que exhibe 40 años de lazos
entre Trump y el crimen organizado

H. B. Glushakow

tendencias •:•:• **crónicas**

EDICIONESURANO
Argentina — Chile — Colombia — España
Estados Unidos — México — Perú— Uruguay — Venezuela

Título original: *Trump Trophy: The White House*

Editor Original: H.B. Glushakow
Traducción: Valeria Leduc

1a edición: Septiembre, 2016

ISBN: 978-607-748-072-3

Coordinación y fotocomposición: Quinta del Agua Ediciones

Impreso por Metrocolor de México, S.A. de C.V.
Rafael Sesma Huerta 17. Parque Industrial FINSA, El Marqués, Querétaro. 76246.

Impreso en México – *Printed in Mexico*

Índice

Un libro para Donald J. Trump y para todos aquellos
que necesitan conocerlo y entenderlo mejor;
ya sea para elegirlo o para detener su camino.

24 de abril de 2016
H.B. GLUSHAKOW

Prólogo

Originalmente este libro no fue concebido para poner por los suelos a Donald J. Trump, como lo han sugerido algunas veces familiares y amigos míos en tono acusatorio, ni tampoco para servirle de apoyo o respaldo. Este libro pretende abordar a Trump desde un punto de vista no biográfico que trasciende la perspectiva partidista o política y se centra en docenas de detalles importantes que él se rehusa a incluir en su currícula, incluidos 40 años de relación y conexión continua con el crimen organizado.

Trump ha pregonado la "fuerza" y la "independencia" que él aportaría a la Presidencia, pero usted podrá ver en este libro cómo, en repetidas ocasiones, ha sucumbido ante las demandas de personajes criminales.

Un helado día a principios del otoño de 2015 fui parte de una audiencia de decenas de millones de tele espectadores americanos aburridos que veían uno de los primeros debates presidenciales. Diecisiete aspirantes republicanos se enfrentaban unos a otros en la monotonía para extender el concepto de "el mismo cuento de siempre" hacia unas dimensiones épicas. Yo solo lo veía para echarle un vistazo a Donald Trump, a pesar del hecho de que, en aquel entonces, "todos sabían" que no tenía ninguna posibilidad de ganar. La probabilidad máxima del 20% de votos que tenía Trump le otorgaba muchas más posibilidades a los demás senadores o gobernadores que estaban en la carrera. Hasta ese momento, mi actitud hacia las elecciones era de indiferencia. Pero Trump apareció en la pantalla y fue cautivador. Me refiero a "realmente cautivador". Se había adueñado del Partido Republicano sin pedir permiso; y parecía que nadie se había dado cuenta. Voltee hacia mi esposa y le dije que ese hombre iba a trapear el piso con los demás republicanos con los que compartía el escenario; y que también era muy probable que acabara con Hillary Clinton en la elección general.

Dos semanas más adelante: una breve encuesta de mis amigos europeos, latinoamericanos y asiáticos reveló que sus opiniones estaban entre la diversión y la incredulidad en cuanto al tema de Donald. J. Trump, pero todos coincidían con que no tenía ninguna posibilidad de ser presidente. Mis amigos republicanos e independientes se preguntaban si podría no ser bueno para el país, pero dedicaban poco tiempo a preocuparse por eso, gracias a la certeza de que no tenía ni una oportunidad en cien de derrotar a sus rivales dentro del sistema político. Mis amigos demócratas y mi familia generalmente estaban aterrorizados y en pie de guerra ante la sola idea de contemplar a Trump, sin embargo, aseguraban de forma unánime que sería el mejor y más seguro oponente contra la Secretaria Clinton en la elección general, porque lo más cerca de la Casa Blanca que llegaría a estar sería a una milla. La única voz de precaución que se escuchaba era la de Bill Clinton, pero en ese momento era ignorada por todos. Yo solo movía la cabeza. ¿Por qué no era más obvio para todos ellos?

En aquel tiempo lo único que sabía de Trump era lo que había leído en los periódicos; quizá sí podría llegar a ser un gran presidente. Dios sabe que como país ya enfrentábamos retos suficientemente difíciles que nuestros políticos no habían podido o no habían querido resolver. No tenía ningún interés o intención de involucrarme más allá; estaba ocupado y a la mitad de un proyecto que consumía todo mi tiempo. Pero de pronto, los cielos estallaron, brilló un relámpago y quedé acorralado. De la misma manera en que atrapó la atención de todo el público americano y recolectó más de mil millones de dólares de publicidad gratuita en los medios, Trump también había capturado mi atención. En cuanto me di cuenta de ello, me reí, puse a un lado mi otro proyecto y decidí dedicar cierta energía para tener un mejor entendimiento sobre él.

Al principio tenía 4 puntos de interés.

1) ¿Cuál era la causa de su popularidad y por qué todos los demás no tomaban más en serio lo que parecía ser su inexorable camino a la presidencia? La sabiduría popular culpaba a la insatisfacción general que dominaba al electorado, pero eso me parecía más un comentario que una causa. Yo necesitaba una explicación más simple y básica.

2) La afirmación de Trump de que él mismo financiaba su campaña para demostrar libertad de los intereses creados sonaba muy buena, si fuera verdad, pero era demasiado increíble. Había que revisar ese punto.

3) Trump fue criticado de manera muy amable (casi delicada) por uno de sus oponentes republicanos por interactuar con uno o dos miembros del crimen organizado cuando estuvo involucrado en la industria de la construcción en Nueva York en los 60's y 70's. Extrañamente (al menos para mí) Trump negó esos lazos de manera categórica y explosiva. Yo me enderecé en mi asiento. También estuve involucrado en la industria de la construcción en Nueva York en los años 60's y no había forma de que una cabaña de hojalata, mucho menos la *Trump Tower*, pudiera ser erigida en Manhattan sin tener que lidiar o navegar por un océano de crimen organizado y una red de sindicatos y políticos conectados con la mafia. Simplemente era un hecho de la vida. Mi primer pensamiento fue que era un punto a favor de Trump el hecho de haber podido completar proyectos de gran envergadura en semejante entorno. Pero su insistente negación de vínculos con la mafia detonó alarmas en mis oídos. ¿Qué estaría ocultando?

4) Y el último punto parecía trivial pero captó mi atención. Trump asegura haberse hecho millonario por sus propios méritos, pero uno de sus rivales republicanos lo retó con la afirmación de que empezó su carrera con un donativo de 200 millones de dólares que le dio su padre, lo que difícilmente explica los "méritos propios." Y pensé, ¿qué importa? Pero luego Trump lo negó vehementemente e insistió en que solo recibió un millón de dólares de su padre, y que personalmente lo convirtió en muchos miles de millones de dólares. Me parecía que protestaba un poco demasiado fuerte. La verdad del asunto parecía ser algo muy fácil de establecer.

Mi investigación empezó con unos ligeros jalones a los cuatro hilos arriba mencionados. Pero los jalones ligeros no fueron adecuados y pronto se convirtieron en excavaciones más profundas. Unas cuantas horas de búsquedas en Google en un esfuerzo por decidir por quién votar evolucionaron hacia 8 meses de aventura y descubrimiento que me llevaron por el sórdido mundo de asesinos a sueldo de la mafia, extorsión, asesinatos, compra de influencias políticas, traficantes de cocaína, vulgares casinos de Atlantic City, prostitución y drogas ilegales. Este libro se escribió para compartir con ustedes esos descubrimientos.

Los vínculos de Trump con la mafia no deberían ser ninguna sorpresa. Varios prestigiados escritores se habían dado a la tarea de escribir acerca de Trump. La media docena de obras principales sobre él que están en la bibliografía fueron escritas todas en los 80's y 90's por lo que han estado a disposición del público por décadas. Ninguno de esos autores pasó por alto la existencia de relaciones con la mafia y habría que tomar en cuenta que normalmente el Señor Trump no aprecia los esfuerzos que hacemos para reportar su vida y sus actividades. De hecho ha intentado disuadir y/o ha amenazado con demandar a varios de esos escritores (a varios de ellos más de una vez). Esas amenazas solo han sido llevadas a la acción en una ocasión, una demanda por cinco mil millones de dólares contra O'Brien, misma que Trump perdió.

No estamos hablando de unos pocos roces con uno o dos criminales en el curso normal de algún negocio. Estamos hablando de décadas continuas de ese tipo de relaciones sociales y comerciales a lo largo del camino hasta el 2016, incluyendo a algunos de sus asesores de más alto rango. Ningún otro candidato a la presidencia, hasta la fecha en la historia de los Estados Unidos, ha tenido este tipo de conexiones generalizadas y continuas con la mafia.

Este libro arroja luz en los cuatro puntos mencionados. Más aún, intenta advertir a Trump, a sus seguidores y a sus detractores por igual de una siniestra vulnerabilidad: uno de los señores más malvados en la historia de la mafia, conocido por ser responsable de al menos una docena de asesinatos, está en prisión y tiene conocimiento de primera mano sobre las actividades de Trump y sus contactos, tanto con las construcciones de Nueva York como con sus días de casinos en Atlantic City —contactos que Trump siempre ha negado en investigaciones oficiales (incluso estando bajo juramento) y aparentemente sigue negando hasta el día de hoy. Sin duda este preso en particular está sentado ahora mismo en su celda, frotándose las manos, seguro de que la presidencia de Trump sería su única oportunidad para salir de la cárcel. Y él está lejos de ser la única persona del pasado de Trump que podría llegar a tocar la puerta del número 1600 de la Avenida Pennsylvania NW., a reclamar su tajada. Mucho antes de que se dedicara a hablar mal de los mexicanos, de los veteranos y de sus compañeros republicanos, Trump recomendaba y defendía públicamente y a sus amigos de la mafia.

A pesar de lo anterior y desde su postura cuasi racista y nacionalista acerca de varios temas, Trump tiene más presencia estelar que ningún otro de sus competidores, como quedó demostrado por la facilidad con la que se deshizo de la gran cantidad de rivales republicanos que se enfrentaron a él. Habría que mencionar que este logro es más un indicativo de lo bien que él sabe deshacerse de las personas, más que del hecho de que sea un buen gobernante. Aun así, podría ser visto como una especie de habilidad. La cuestión importante para los votantes es si ese tipo de habilidad sería suficientemente buena para compensar las áreas vulnerables que él mismo ha construido para él (y para el país) y que tienen que ver con sus nexos criminales no reconocidos. Después de todo, cuando hablamos de presidentes, tenemos que considerar el asunto de la seguridad nacional.

En esta investigación, ignoré todo aquel material que pudiera estar basado en mentiras u opiniones, más que en hechos. De la misma forma, no presté atención a información en la que hubiera datos contradictorios que no pudiera yo descifrar. Esta es la primera vez en la que se han conectado todos los puntos de Trump de una manera tan directa y completa y también la primera en la que sus vínculos con la mafia se pueden rastrear por todo lo largo hasta el año 2016.

Trump siempre intenta desviar las acusaciones de conexiones con la mafia utilizando y jactándose de las licencias que recibió de la CCC (Comisión de Control de Casino de New Jersey) para operar casinos en Atlantic City. Este libro, por primera vez, revela el alcance de la influencia criminal dentro de la CCC en sí, negando así cualquier legitimidad que Trump pudiera usar como prueba de transparencia y legalidad .

¿Acaso dichos contactos con políticos corruptos y gente del crimen organizado lo descalifican para poder ocupar el cargo de presidente? No necesariamente. Más adelante en el libro sugiero una estrategia que podría vacunarlo contra potenciales sobornos o coerciones por parte de elementos criminales. Pero como Trump no ha demostrado interés por esa medicina, estos puntos de conexión pueden ser utilizados como la base de la estrategia que Hillary Clinton pudiera usar efectivamente para detener el avance de Trump en la contienda electoral.

Una cosa es segura. El Departamento de Justicia debería mostrar algún interés al respecto.

Introducción

Los trofeos de Trump

Todos conocemos a Donald J. Trump como un multimillonario de 70 años que se hizo a sí mismo con una hermosa y joven esposa, como el magnate de los bienes raíces cuyo nombre adorna varias propiedades de prestigio, como el rey de los casinos de Atlantic City, como el conductor de *realitys* de TV, como propietario de campos de golf... y, ahora, como candidato presidencial autofinanciado.

Si esas descripciones estuvieran completas, Trump sería indiscutiblemente cautivador. Pero no están completas. Según el punto de vista con el que usted lo mire, la imagen que él ha pintado de sí mismo es astuta, desafortunada y catastróficamente incompleta.

A Donald J. Trump le gustan los trofeos. Su oficina está llena de ellos, incluidas portadas de revistas enmarcadas que presentan fotografías suyas. Un trofeo es algo que uno colecciona para aumentar su prestigio o su estatus social y que normalmente se usa como atribución —por ejemplo: "esposa trofeo". Nótese lo siguiente, Trump, quien trabaja ahora mismo en su tercera esposa-trofeo, al no aceptar un buen consejo de negocios, se endeudó profundamente para adquirir cinco casinos en Atlantic City, tuvo que vender dos de ellos y al final perdió todos, lo cual estuvo a punto de llevarlo al borde de la bancarrota.

El Plaza, el mejor hotel de Nueva York fue otro de sus trofeos, lo adquirió por 407 millones de dólares (incluso él aceptó que fue una suma demasiado elevada) y sufrió una sustancial pérdida cuando se vio obligado a venderlo.

Construyó un trofeo más, la *Trump University*, que prometía cosas que no pudo cumplir y acabó siendo demandado por cientos de estudiantes insatisfechos y por el fiscal de distrito del estado de Nueva York.

Compró otro trofeo, el *New Jersey Generals Football Club*, que desapareció para siempre después de un buen año.

Compró un yate-trofeo de 32 millones de dólares que le vendió un traficante de armas que estaba pasando por un mal momento. Incluía 11 suites para huéspedes, perillas con baño de oro, dos cascadas, una cubierta para tomar el sol rodeada de vidrio blindado y habitaciones para 52 personas de tripulación. Con todo y lo maravilloso que era esta adquisición, Trump no pudo pasar ni una noche en su barco antes de verse obligado a venderlo como parte de un trato para saldar una de sus bancarrotas.

Compró una aerolínea-trofeo en 1989 por 365 millones de dólares con dinero prestado. *Trump Shuttle* nunca tuvo utilidades por lo que no pudo cumplir con las obligaciones del crédito, y tan solo un año más tarde se vio obligado a devolver la compañía a los bancos.

Quizá el mayor trofeo de todos fue el concurso de Miss Universo, un certamen de belleza que se lleva a cabo en más de 190 países y que es visto por más de 500 millones de personas cada año al transmitirse por la cadena de televisión NBC. Trump se vio forzado a venderlo en 2015 cuando la NBC abruptamente terminó las relaciones de negocios con él y se rehusó a transmitir el certamen debido a los comentarios despectivos que Trump hizo sobre los inmigrantes ilegales mexicanos.

Pero por otro lado, también hay que decir que, antes de verse atrapado en el sórdido mundo de los casinos, Trump era un desarrollador. Realmente desarrolló cosas.

Uno no puede ir por Manhattan sin toparse con uno de estos trofeos de Trump:

- El *Riverside South* (una idea genial de Trump de 1970 en el lado oeste de Manhattan).
- El *Trump International Hotel* en Columbus Circle.
- La pista de patinaje *Wollman* en Central Park (que él terminó después de que estuvo cerrada durante años por la ciudad y que le costó el material y la mano de obra).
- La restauración del emblemático edificio en el número 40 de Wall Street.
- La *Trump Plaza* en E. 61 Street.
- La *Trump World Tower* en la plaza de las Naciones Unidas.
- El *Grand Hyatt* (primer proyecto de Trump junto a *Grand Central Station*, en la calle 42).
- La *Trump Tower* (las oficinas centrales de su compañía en la 5 Avenida y la calle 56).

Olvidemos el hecho de que las propiedades mencionadas sean suyas o no. La carrera de Trump está marcada por estos grandes éxitos, incluso si más adelante quedaron opacados bajo la sombra de sus repetidos fracasos y quiebras. Los proyectos arriba enumerados fueron desarrollos maravillosos que contribuyeron en gran medida al resurgimiento de Nueva York.

Y aun cuando ha sido caracterizado como un hombre que odia sin arrepentimiento a las mujeres, a los negros, a los latinos, a los musulmanes y a cualquiera que esté en desacuerdo con él, aquellos que lo conocen bien aseguran que no es un hombre sin corazón.

Pero…

Ahora va tras la Casa Blanca, el mayor trofeo de todos. Este es un trofeo que debería de ponerse en una categoría aparte. Los efectos de cambiar de esposa, echar a perder un negocio de bienes raíces o incumplir con el pago de mil millones de dólares de deuda en bonos basura son *infinitesimales* en comparación con lo que está en juego al manejar la rama ejecutiva del gobierno de los Estados Unidos.

Hay que hacer la pregunta: ¿cuál podría ser el resultado de que él adquiriera ese trofeo?

A pesar de sus aspectos positivos, ¿nos atreveríamos a votar por un candidato que está tan estrechamente vinculado con criminales, ha estado repetidamente en bancarrota, que opta por usar la vía de la fuerza (a veces sin éxito) en las negociaciones y que parece salirse regularmente de su camino para distanciarse de sus socios que no necesitaban ser marginados?

Recientemente Trump rompió el récord mundial de marginación cuando hizo enojar a 600 millones de latinoamericanos y a 1,200 millones de musulmanes en el curso de una sola semana. Si le sumamos a todos los chinos a los que prometió enfrentar en su primer día en el cargo, se las habrá arreglado para enemistarse con más de la mitad de las personas sobre la tierra incluso antes de su primer día de trabajo.

Unas secciones más adelante veremos por qué a muchos no les importa nada de eso.

Ajeno al sistema o el lado Trump: el ejemplo Clinton

Trump nos ha dicho en repetidas ocasiones que él es el único candidato al que se le puede confiar la Casa Blanca porque es el único verdaderamente independiente, un *ajeno al sistema* que no le pertenece a nadie ni está comprometido con intereses especiales.

Veamos las pruebas que Trump ha proporcionado de que está fuera de ese sistema:

- El dinero para su campaña proviene de una noble fuente que lo vuelve inmune, del que no debe rendir cuentas y que lo hace impermeable a intereses especiales.
- Que él dice lo que verdaderamente opina cuando los demás son demasiado amables o políticamente correctos.
- Que él es un ganador, mientras la mayoría de los americanos son perdedores.
- La grandeza que él posee solo puede ser otorgada en el nacimiento y nunca puede ser aprendida y, ciertamente, no forma parte de la combinación genética de otros americanos, mexicanos, rusos, chinos, iraníes o norcoreanos.
- La acumulación de su vasta riqueza personal es una prueba de su agudeza superior como hombre de negocios.

"El pasto siempre es más verde…" es una frase común en todos los idiomas y en todos los tiempos que expresa el encanto que representa estar fuera de algo. Fuera siempre es mejor que dentro. Entonces, ¿no deberíamos de votar todos por el que es más *ajeno al sistema* en la elección de 2016?

Tal vez sí. Tal vez no. Pero este libro no les dirá por quién votar.

Es cierto que Trump no es el clásico títere manejado por lo establecido al que se ha vuelto tan común satanizar en las elecciones de 2016; pero tampoco es el candidato *ajeno al sistema* que quiere hacer creer a la gente que es. La "cara oculta" de Donald J. Trump es que resulta que no está ni "dentro" ni "fuera". Digamos que está en "el lado Trump".

Este "lado Trump" es lo que ha hecho que sea tan incomprendido tanto por aquellos que lo apoyan como por aquellos que buscan derrotarlo.

Este "lado Trump" ha desconcertado a los analistas políticos sobre todos los aspectos de la carrera por las elecciones de 2016. Es una especie de cualidad mágica que ha persuadido a un segmento significativo de los votantes de hoy para que aprecien cosas que lo políticamente correcto y la cultura popular les han dicho que no deberían apreciar.

Mucho antes de que persuadiera a millones de personas de votar por él, ya había convencido con éxito a varios clientes para que les gustara el oro y el bronce, la decoración muy ostentosa y despedir a la gente.

Las personas que usan la expresión "el mensaje de Trump está resonando" están pasando por alto un punto importante, que su poder estelar, "el lado Trump" o como quieran llamarle, le permite provocar cosas. Ese es un gran regalo. Lo han llamado de varias formas en el pasado: carisma, don de gente, liderazgo, magnetismo e incluso, brujería.

Trump provoca cosas; lo que llaman resonancias, son simplemente efectos de esa causa. Trump sabe cómo influir en otros para que crean y hagan lo que él quiere que crean y hagan. Es por eso que es hipócrita de su parte decir cosas como "si me roban la elección, no le va a gustar a la gente. Podría haber disturbios en Cleveland". Todos saben que, si hubiera disturbios en Cleveland, la única causa sería Donald J. Trump. Por suerte, es muy poco probable que haya disturbios.

Habiendo dicho lo anterior hay que señalar que la gente que provoca cosas casi siempre es mejor elección que aquella que no. Eso es lo que resulta tan atractivo de Trump. Pero habría que saber exactamente cuál sería la manera en la que usaría esa habilidad. A veces, la historia personal nos puede dar algunas pistas.

Para entender verdaderamente a alguien, o para tomar decisiones correctas sobre alguien, hay que conocer toda la información relevante. Sin eso, todo lo que se obtiene es lógica sin razón.

Así que veremos diferentes aspectos de Trump; y el primero será hasta qué grado llega su independencia.

La lista de contactos con la mafia que él niega que haya existido es lo que más puede llamar nuestra atención. Hay suficientes nombres como para llenar los estantes de una pastelería italiana de Nueva York. Pero la mayoría de estos están en el pasado y si tan solo los reconociera y renunciara a ellos, lo más probable es que los votantes estuvieran de acuerdo con él, y no habría daño para nadie.

Cuando Bill Clinton fue atacado por sus indiscreciones con Monica Lewinsky, lo que hizo que terminara sumergido en un escándalo político no fue el adulterio —fue supuestamente el hecho de no decir la verdad estando bajo juramento. Los contactos con la mafia de Trump son algo mucho más serio. Este es un claro ejemplo de que el Señor Trump necesita hacerse responsable de la misma manera, sacar a la luz sus antiguos vínculos con la mafia y ser perdonado por el público americano.

Los vínculos que tuvo en el pasado, como los que relata este libro tienen una tendencia de regresar y acecharlo. Los mafiosos operan a base de amenazas y sobornos. Solo una apertura completa por parte de Trump sería un escudo contra los efectos nocivos que podrían resultar de dichas asociaciones.

Dejando a un lado sus vínculos con la mafia, igualmente importante son algunos de sus nexos actuales. Cuando Trump sacó a relucir una lista de sus principales patrocinadores, a principios de 2016 en su evento de Guerreros Heridos, al menos uno de ellos tenía nexos con el crimen organizado. (Leerá sobre estos más adelante en el libro.) Sin duda este es un muy mal hábito para un prospecto de candidato presidencial y debería corregirlo. Las recomendaciones para el control de daños vienen también en un capítulo posterior.

Para valorar las implicaciones de estos contactos, hay algunas historias breves de la mafia, de la industria de casinos y de los nexos que los vinculan. Es imposible mencionar la palabra "C" sin recordar el increíble dolor que los casinos (incluidos los cinco que posee Trump) le han causado a Atlantic City y que continúan causándole. Como descubrirán en capítulos posteriores, un casino, más que ser un regalo que sigue dando, es como un ladrón que sigue robando. Aunque sus contactos con la industria de casinos y los efectos causados por estos sean sin duda muy perjudiciales para su candidatura, aun así no deberían ser motivo suficiente para anularla. Se sugiere también, más adelante, una estrategia que podría permitirle a Trump dejar atrás el riesgo que esto representa y quizá incluso ayudarlo a ganar votos extra al hacerlo.

Por último, y ya que Trump nos ha prometido resultados mágicos derivados de sus habilidades de negociación, exploraremos su historia en la realización de acuerdos. Usted mismo podrá decidir si merece la reputación de súper héroe negociador después de ver algunos de sus intentos monumentalmente fallidos a la hora de cerrar tratos.

Termino esta introducción con un comentario referente a los groseros arranques y a las EDE (Expresiones denigrantes y exageradas) que todos asociamos con Trump. Algunas encuestas muestran que más del 98% de las personas que afirman que esos arranques no son importantes, los desaprobarían totalmente si vinieran de algún compañero de trabajo o algún familiar. ¿A qué creen que se deba esto? Quizá este tema merece una pausa.

El hecho de que algún material mencionado en este libro sea un poco inquietante no es razón para no buscar una mejor comprensión del Señor Trump.

Se ha mencionado que solo la verdad nos hará libres. Pero debe ser TODA la verdad.

Y con esto en mente, le deseo una amena lectura.

Apuntes del autor
a la edición en español

A pesar de los 40 millones de ciudadanos hispanoparlantes y al hecho de que el español se habla aquí desde que los misioneros españoles fundaron San Agustín Florida en 1565, nunca ha habido un presidente o un vicepresidente de los Estados Unidos que haya hablado bien español.

Mientras la edición en español de *Trump ¿un capo de la mafia?* entra a la imprenta, Hillary Clinton rompió esa práctica y eligió como vicepresidente a un hombre que no solo habla español fluido, sino que también ha apoyado vigorosamente las reformas migratorias y ha trabajado para impedir la deportación de millones de latinos indocumentados.

Como predijo la primera edición de este libro, Trump ganó la nominación del Partido Republicano y en unos días más enfrentará a Hillary Clinton en la elección general. Trump y su partido neo Republicano exigen cada vez con más insistencia que se construya el muro mexicano de Trump y que 10 millones de latinos indocumentados sean deportados. Pero los latinos no deben sentir que están solos. Trump también sigue promoviendo que se les impida la entrada a los Estados Unidos a mil millones de miembros de la fe musulmana. Y para demostrar que tampoco discrimina a los asiáticos, promete iniciar una guerra de divisas contra China y Japón en su primer día en el cargo.

Sería tonto sugerir que alguien vote por Hillary solo porque su compañero de fórmula habla un segundo idioma. Y por el lado de Trump ver que acusa a los inmigrantes mexicanos de ser violadores y criminales y luego critica la integridad de un juez y su capacidad de desempeñar bien sus funciones solo porque sus antepasados fueron mexicanos. Trump justifica sus críticas hacia los mexicanos y otros latinos alegando su "brutal honestidad". ¿Será así?

Postularse para presidente de los Estados Unidos requiere de una total apertura. Los candidatos se deben a las personas que van a elegirlos. Honestidad significa también revelar la hora exacta, los lugares y las formas de los eventos del pasado.

Apertura total: declaraciones fiscales

Hillary Clinton presentó 38 años de declaraciones fiscales. Trump se rehúsa a presentar las suyas. Varios sugieren que deben contener secretos muy oscuros. No nos importa. El hecho es que cada candidato presidencial de los últimos 35 años ha presentado la suya. No hay ninguna razón para que Trump no la presente. Tiene el deber de presentarla.

Apertura total: Atlantic City

Trump siempre pregona que ama a Atlantic City y que le hizo mucho bien a la ciudad. Pregúntele al 15 por ciento de la población latina que vive allí qué tan bien estuvo y cómo les fue a ellos en lo personal cuando Trump estuvo en el lugar. A él le gusta decir que fracasó porque había competencia de otros casinos, pero sus casinos estaban destinados a la ruina desde antes de eso (por mano propia), como se demuestra en estas páginas. La población latina de Atlantic City fue de las más golpeadas a consecuencia de los casinos de Trump. No aceptamos más que la verdad y una apertura total sobre la debacle de Trump en Atlantic City y sus efectos sobre la población. Este libro les presentará una mirada desde dentro.

Apertura total: Trump y sus contactos con la mafia y los criminales

No hay ni un candidato presidencial en la historia que haya tenido más negocios y vínculos sociales con miembros del crimen organizado que el Señor Trump. Siempre ha intentado minimizar esas acusaciones y nunca ha permitido ningún tipo de apertura al respecto. Pero son demasiados para ser ignorados. Visite la página *www.trumptrophy.com* para ver la entrevista de *ABC news* a Trump. Cuando salieron a relucir sus contactos con la mafia, Trump súbitamente se levantó, terminó la entrevista y salió de la habitación. No es lo que esperamos de un candidato presidencial. Él debería buscar que la gente conozca toda la verdad para demostrar que está limpio y no tiene nada que ocultar. Pero si no lo hace voluntariamente, se le debe exigir que lo haga. Este libro es muy revelador al respecto. No nos sorprendería que el departamento de justicia solicitara una investigación del FBI antes de permitirle tener acceso a ciertos materiales confidenciales.

De Whitewater a Libia, hasta el asunto de sus correos electrónicos, Hillary Clinton ha sido sometida a un escrutinio tan vigoroso y crítico como el que debería de esperarse para poner a prueba el entusiasmo de cualquier mortal que quiera ser funcionario público. Ella persiste en su deseo de ayudar a otros. Trump acusa a Hillary de "ser tratada bajo estándares diferentes". Parecería que esos estándares son bastante bajos, así es que por lo menos él debería igualarlos y debería presentar apertura total ante su declaración de impuestos, sus fracasos en Atlantic City y sus nexos con el crimen organizado.

H.B. GLUSHAKOW
24 de Julio de 2016

1

Trump la estrella: ardiente, brillante e indomable

Star light, star bright; do we elect a star tonight?

Estrellita, estrellita; ¿estaremos eligiendo una estrella esta noche?

Donald J. Trump no sigue las leyes de la gravedad política. Esto es porque tiene muchas semejanzas con una estrella. Una estrella verdadera —como esas que vemos brillar en el cielo nocturno. Y puede ser muy caliente —más de 20,000° C. Si algo se interpone en el camino de Trump, podemos ver qué tan ardiente se vuelve. Una de las maneras de medir una estrella es por la intensidad de su brillo —¿qué tanta luz emite? Veamos a Trump durante sus discursos de campaña. Claramente brilla más que cualquier otro candidato con los que comparte los reflectores. Pero lo que más atrae a las personas hacia él, es otro atributo de estrella: que es bastante indomable. Los cuerpos celestes grandes se pueden estrellar contra ella e incluso el Papa puede retarla —y no hay ningún efecto. La estrella sigue brillando tan intensamente como antes y hasta un fuerte impacto contra un planeta podría hacer que la estrella brillara con mayor intensidad.

Le guste o no, lo odien o no, Donald Trump tiene las cualidades de una estrella. Y a muchas personas les gusta eso. Esas cualidades definen su popularidad en mucho mayor medida que los trillados argumentos que se emplean para explicarla, como el de que "la gente está cansada de Washington".

Podrán decir que Trump es mentiroso, tramposo, doble cara, traicionero, manipulador o inmoral —pero las pruebas demuestran que llena el espacio alrededor suyo con brasas candentes que lanza en todas las direcciones.

Blanche Sprague trabajó para Trump como gerente de proyecto y nos comparte una observación acerca de él: "Cuando te hablaba, y llegué a verlo hablando con personas famosas e importantes, esas personas sentían que eran la única persona en el mundo. Es como si los hipnotizara. No sé cómo lo hacía y nunca vi que nadie más lo hiciera como él. No lo inventaba, no lo fingía; simplemente él era así. Así nació. No se convirtió en Donald Trump. Siempre fue Donald Trump". (Ver O'Brien).

Estados Unidos se ha convertido en una vela que chisporrotea. En 2007 las raíces estaban suficientemente "enraizadas" como para impulsarnos hacia una crisis financiera. Cuando reventó la burbuja de la vivienda, las condiciones que se generaron fueron peores que ningunas otras desde la gran depresión de 1929. Una década más tarde seguimos tambaleándonos peligrosamente en el borde.

Eventos tales como la caída del precio del petróleo y la devaluación de la moneda China (que los expertos habían asegurado que, si llegaba a ocurrir serían buenas noticias) hoy en día parecen amenazar las bases de la economía estadounidense.

China construye un campo de futbol a medio planeta de distancia y de pronto los políticos americanos "manchan sus calzones".

Muchos ven a Trump como el candidato que tiene más posibilidades de triunfar en este entorno lleno de retos. Mencionamos la economía y la mayoría de los políticos (tanto Demócratas como Republicanos) se derriten. De hecho, primero ponen cara de valientes, echan por delante alguna retórica, y luego se derriten.

Ese no es el caso con Trump. Aparentemente no se derrite ante nada. Échenle cualquier tipo de basura o desperdicios al señor Trump y miren cuidadosamente. No se inmuta, no parpadea, no se encoge. No pasa nada. Si acaso, el perpetrador lo recibe de vuelta con mucho más fuerza. Esto no es algo malo y, obviamente, muchos votantes americanos lo aprueban.

Pero la aprobación no se deriva de las soluciones de Trump, simplistas o como sean. Viene simplemente del hecho de que él no se derrite.

Trump ha construido la imagen de que él es el mejor candidato para remediar los problemas de América porque no forma parte de aquello que creó dichos problemas. La gente quiere creer que él es el hombre correcto para resolver el tema del trabajo y eso es algo fácil de hacer.

Todos aquellos (de cualquier partido) que todavía no lo toman en serio deberían de recordar que a Ronald Reagan lo trataron como si fuera una broma hasta el momento preciso en que fue electo presidente. Pero aquí existe un peligro que no existía con Ronald Reagan.

La historia de Trump con la NFL nos da una pista. ¿Cuántas personas quieren entrar a la NFL? Quizá nadie que usted conozca. Pero Donald ni lo dudó y hay que adorarlo por eso. El asunto es que, sus intentos por entrar en la NFL fallaron de manera abismal —no querían tener nada que ver con él, y la forma en la que reaccionó fue tan desconsiderada y grosera que casi destruye él solo a la United States Football League (USFL) (Liga de Fútbol de los Estados Unidos), la historia completa la leerán más adelante en este libro.

Trump tiene la costumbre de promover sus fracasos como éxitos. Él piensa que es una de sus fortalezas, cuando en realidad es una de sus más grandes debilidades además de que no ha podido confrontarlo o controlarlo ante él mismo. Hasta ahora, ninguno de sus rivales ha logrado enfrentarlo con éxito al respecto. Si llega a fallar, lo más probable es que él no sea responsable. Pero esto es más que inevitable. Nadie puede ganar todas las veces. Admitir tener éxito cuando se gana merecidamente se llama orgullo. Admitir fracasar cuando se ha fracasado, se llama honestidad.

Trump a menudo muestra gran energía. Esto es un plus. Pero el simple hecho de que sea CAPAZ de ejercer una fuerza tremenda, no significa que no debería poder moderar esa fuerza. Si tienes una tina de agua que quieres templar para bañarte, necesitas una fuente de energía que tenga el potencial suficiente para calentarla, pero también el control suficiente como para que la tina no se seque en una milésima de segundo. Esta es una característica fundamental que debería poseer alguien que va a tener que negociar con varias naciones pequeñas, soberanas y ya de por sí inseguras. Nuestras situaciones más apremiantes pueden resolverse —cada una de ellas— pero un tanque lanzallamas quizá no siempre sea la herramienta más adecuada.

Las distintas secciones de este libro deben dejar en claro que Trump no ha alcanzado aún la categoría de súper héroe. "¿Para qué hacer esto?", algunos se preguntarán. "¿Para echarle a perder su fiesta?" "¿Para elegir a un Republicano más conservador o a un Demócrata más progresista?" "¿Para acelerar el predominio del presidente Putin o de la República Popular de China?"

No, para nada de lo anterior.

La gente cree que Trump opera de forma perfecta y maravillosa porque es una estrella y las estrellas no pueden dejar de brillar, y siempre debe uno creer en ellas porque las estrellas siempre ganan y, Trump, es un ganador.

Pero por más bien que suene todo eso, no se acerca a la historia completa.

A. Trump no ha ganado todas las veces y, en situaciones importantes, ha perdido "en grande".
B. A pesar de su discurso de "negociaciones gana-gana", la mayoría de las veces él no opera así.

C. Cuando su "poder de estrella" no funciona él, para justificar su necesidad de ganar, recurre a actividades y contactos que solo podrían ser descritos como sucios y poco dignos de una auténtica estrella. Este es un lado vulnerable que Trump parece pasar por alto.

D. Trump ha negado constantemente haber tenido vínculos con la mafia en el pasado; sin embargo ha mantenido contacto con algunos de ellos y ahora se regodea en el apoyo de los herederos de la moral de la mafia: El Cartel de los casinos.

Sin embargo, y a pesar de todo lo anterior, existe la esperanza de que pueda ser un gran presidente. Sin importar nada más, él demanda atención como una estrella brillante en una noche oscura.

Cuando Prince murió en abril de 2016, parecía que, al fin, había ocurrido algo suficientemente brillante como para eclipsar a Donald. Y así fue durante casi un día, hasta que alguien recordó que Prince había escrito una canción llamada "*Donald Trump*".

Donald Trump, maybe that's what you need.
A man that fulfills your every wish, your every dream.
Donald Trump, come on take a chance.
A 2016* love affair, the real romance.

Donald Trump, tal vez eso es lo que necesitas.
Un hombre que cumpla todos tus deseos, todos tus sueños.
Donald Trump, vamos, atrévete.
Una historia de amor en 2016*, un romance verdadero.

Este libro le mostrará un Donald Trump totalmente diferente del personaje deslumbrante que aparece en TV y del propietario de

* Nota del autor: Reemplacé 2016 por el 1990 original.

casinos con el que está tan familiarizado; diferente pero igualmente real.

Para comprender la faceta potencialmente negativa y sus vulnerabilidades, es necesaria una introducción a la mafia y sus derivados, como el Cartel de los Casinos.

Para algunos esto no tendrá la menor importancia. Y está bien; están en su derecho. Pero los siguientes capítulos son cortos y sugiero que los lean para darse una ligera idea antes de pasar a la parte escabrosa.

2

Grupos de intereses especiales

Trump tiene razón en señalar los peligros potenciales que implican los intereses especiales. Un político cuya campaña es financiada y apoyada por el sindicato de maestros, la NRA (National Rifle Association-Asociación Nacional de Rifles), la asociación de campesinos, una compañía petrolera, Citibank o algún grupo minoritario específico, podría poner todo su empeño para apoyar los derechos de dicho grupo u organización.

Y, como nos informó Trump con una sonrisa de lado a lado, él mismo ha sido un experto en el uso de este mecanismo para conseguir favores por parte de los políticos.

Los grupos de intereses especiales son tan antiguos y tan naturales como las montañas y han florecido en cada rincón de la sociedad humana durante los últimos 10,000 años. Esto como resultado de que algo que puede ser visto como una seguridad para un grupo, puede ser una amenaza para otro. La abundancia es en realidad la única garantía para la supervivencia y la coexistencia armónica. Cuando la abundancia falta es normalmente cuando surgen los conflictos entre los intereses especiales.

Si hubiera abundancia de agua, los pastores y los campesinos podrían vivir juntos en armonía. Si hubiera abundancia de buenas ofertas de trabajo, las distintas categorías de trabajadores desempleados no pelearían tanto unos contra otros.

Ese es el razonamiento para las compañías farmacéuticas, los bancos y las compañías de petróleo que contribuyen para apoyar a los distintos candidatos y a los partidos en las elecciones: "Nunca se sabe cuándo podrá ser útil una buena relación con ellos". Nadie levantaría ni una ceja si la asociación local de bienes raíces donara 2,500 dólares a la campaña de un candidato porque les gusta su postura en cuanto a las hipotecas a 30 años. Pero si algún banco de Wall Street o algún contratista de defensa empieza a inyectar grandes sumas de dinero a las arcas de algún candidato en particular, entonces sí habría incomodidad.

Hay un nexo con un grupo particular de intereses especiales que sí debería de hacer sonar todas las alarmas de la tierra cuando se sabe que existe. Ese grupo se llama crimen organizado —también conocido como la mafia o La Cosa Nostra.

Los contactos con esas personas requieren de atención especial por tres razones al menos:

1. Están motivados exclusivamente por la avaricia y no toman en cuenta en lo más mínimo al bien superior.
2. No tienen ningún tipo de respeto por las reglas de la ley; y
3. Su modus operandi incluye amenazas y violencia.

El hecho de que Trump diga que es más independiente y por lo tanto, menos vulnerable porque su campaña es "autofinanciada" resulta deshonesto. Como se demuestra en este libro, tuvo en el pasado y sigue manteniendo contactos, directos e indirectos, con elementos criminales e intereses de los casinos. Son demasiados para ignorarlos o negarlos. Y esos nexos traen la vulnerabilidad implícita. Las posibilidades de que Trump sea un gran presidente sin reconocer dichos intereses son las mismas que tiene una persona de ganar un millón de dólares en uno de los ahora clausurados casinos del señor Trump en Atlantic City.

La mente criminal

"¿Quitar o no quitar? Esa es la pregunta".

El concepto de mente criminal no es nada nuevo. Afortunadamente existe solo en un 2.5% de las personas. Está presente en los asalta bancos y en los ladrones de caballos del viejo oeste y en las pandillas que capturaban diligencias y trenes. Con un cuchillo en la garganta o una pistola en la cabeza, la amenaza de la violencia a menudo es efectiva para obtener lo que se conoce como "ganancias mal habidas". Lo importante aquí no es que los perpetradores porten armas. Lo importante es que no se paga por las "ganancias". Luego entonces, uno de los aspectos fundamentales de las relaciones sociales es violado: el principio de intercambio. El intercambio significa simplemente aquello que se recibe o se da a cambio de algo más.

Un hombre o mujer decente cría pollos y vende sus huevos en el mercado, o pone una fábrica que da empleo a cientos de obreros para producir autos o computadoras que luego vende por el mundo a cambio de dinero; o se convierte en un médico que pasa años aprendiendo el oficio y luego le cobra a las personas por curar sus brazos rotos. Esa persona quiere obtener una ganancia, pero la raíz de su motivación es el deseo de proveer algo de valor a cambio de dicha ganancia.

El criminal no opera desde esa base. Él obtendrá dinero o bienes por el simple hecho de apuntar una pistola o amenazar o sobornar o engañar. Él recibe pero no da nada de valor a cambio. Su única estrategia de negocios consiste en hacer que el mayor número posible de personas le den el mayor número de objetos o dinero posible a cambio de nada.

Aunque las estrategias y las prácticas del crimen han evolucionado y se han vuelto más sofisticadas y refinadas, la meta sigue siendo la misma: "quitarle la mayor cantidad posible de dinero al mayor número posible de personas sin llamar la atención de las personas encargadas de aplicar la ley". Este ha sido el modus operandi de cada ladrón común, de las grandes familias de la mafia del pasado y del deslumbrante magnate de casinos del siglo XXI. Es lo que ha intentado lograr toda mente criminal desde el inicio de los tiempos.

La evolución de los casinos puede verse en la pirámide del crimen que se muestra aquí. Los casinos son la máxima operación criminal, muy superior a las operaciones más violentas del crimen organizado desde las cuales evolucionaron.

Casinos

Dinero de la mafia, sobornos, precios fijos, tráfico de influencias

Asesinato, extorsión, alboroto, asalto, tortura, chantaje

PIRÁMIDE DEL CRIMEN

En la base se encuentran las actividades violentas de los bandidos comunes y de los mafiosos. Hay muchas descritas en las páginas de este libro que se deben a los contactos con Trump. Algunos criminales ya murieron y otros están en la cárcel. Pero si alguna de esas personas (o las que están dentro de su círculo) tiene conocimiento de primera mano de actividades o eventos que pudieran comprometer a Trump, podemos apostar a que lo usarán en su contra si llega a ser presidente. El soborno y la extorsión es su actividad principal.

El surgimiento del crimen organizado (la sección media de la pirámide) trajo consigo un incremento del crimen sistematizado, aunque todavía está basado en amenazas y violencia. Hace 100 años, los sindicados influenciados por la mafia plagaban los puertos de Nueva York y obtenían el 10% de los impuestos de todas las mercancías que salían de los barcos incluso antes de que hubieran sido cargadas en los camiones. Los criminales visitaban los restaurantes y exigían miles de dólares cada mes para proteger a sus dueños de las "bombas". En la industria de la construcción de Nueva York, debido a que un atraso en la llegada de los materiales de construcción podía costarle cientos de miles de dólares a un desarrollador y retrasar varios meses el tiempo de entrega de un edificio, era la regla, no la excepción, que un mafioso neoyorkino pidiera (y obtuviera) sobornos de cada proyecto importante durante casi todo el siglo XX. La policía a menudo era cómplice, al igual que los políticos y los jueces. Se decía que no podías obtener el cargo de juez en Nueva York sin la aprobación de la mafia durante la mayor parte del siglo XX. Esta forma de crimen era mucho más organizada y más inteligente que solo quitarle algo a alguien. Menos violencia era requerida —la simple amenaza de violencia solía ser suficiente— se obtenía mayor cantidad de dinero por medio de la extorsión y las relaciones con los políticos eliminaron el "calor" de las operaciones de la mafia por décadas. Interesante que Trump hizo la mayoría de sus proyectos de construcción en Nueva York durante esos años.

En la cima de la pirámide están los casinos: la forma de robo más astuta y elegante jamás creada. Ahora son legales y rara vez atraen la atención de las autoridades. Pero, como se mostrará en este libro, un casino es tan solo un medio electrónicamente disfrazado, ruidoso, hipnótico y adictivo para quitarle grandes cantidades de dinero a un número todavía mayor de personas. La industria del "Juego" americana, al igual que su élite, el Cartel de casinos, son resultados directos de la mafia, el paso siguiente en su evolución. Y Trump ha estado promiscuamente involucrado con esos tipos.

3

Trump y sus contactos

Una de las características especiales de Trump es que se ve casi igual hoy en día que hace 30 años. Misma estatura. Misma complexión. Mismo corte de cabello. Misma vestimenta que se compone de un muy buen traje con el saco desabrochado, camisa de vestir y corbata de seda que le llega justo 5 centímetros más abajo de lo que sería verdaderamente elegante. No es coincidencia que haya conservado esa imagen que relaciona a Trump el candidato con Trump el magnate de bienes raíces de Nueva York de hace 30 años.

En su campaña, Trump ataca a Hillary Clinton por haber sido amiga, 40 años atrás, de un activista político llamado Saul Alinsky. Fallecido en 1972, Alinsky es recordado por haber creado tácticas radicales de organización que se usaron en una campaña para mejorar las condiciones de los pobres en Chicago a mediados del siglo XX. Clinton se reunió con Alinsky poco antes de su muerte cuando lo entrevistó para su tesis en el Wellesley College en 1969. El hombre le agradó a nivel personal, pero en su investigación criticó algunos de sus métodos.

En la campaña de Trump, su ataque concluyó con la siguiente frase: "*Nadie que simpatice con un hombre como él debería de convertirse en presidente de los Estados Unidos."** Nunca aclararon lo que significaba *"un hombre como él"*.

En cualquier caso, Trump no considera justo ni relevante que se mencionen cosas que él pudo haber hecho 30 años atrás o personas con las que pudo haber estado relacionado. Sin duda tiene razón en no mencionar relaciones pasajeras y de poca importancia. Pero cuando es claro que existen relaciones y comportamientos criminales parcialmente ocultos y que continuamente son negados, es más que relevante arrojar algo de luz sobre ellos.

El caso de los trabajadores inmigrantes indocumentados

Recientemente Trump se molestó con otro candidato Republicano que mencionó que éste había contratado trabajadores inmigrantes indocumentados para que trabajaran en el proyecto de la Trump Tower. El incidente tuvo lugar en 1980 cuando Trump demolió el edificio Bonwit Teller para construir en su lugar la Trump Tower. Eventualmente Trump fue declarado culpable y tuvo que pagar cuatro millones de dólares por ello. Su respuesta ante este debate fue que "las cosas eran diferentes en aquel entonces" y "todo salió bien". (Lo cual significó que pudo construir más barato su proyecto porque pagó menores salarios a los trabajadores ilegales).

Quizá tenga razón en que las cosas eran diferentes en aquel entonces, pero no podían haber sido tan distintas si fue encontrado culpable y obligado a pagar una multa tan elevada.

En todo caso, vamos a conceder que casi todos los constructores de Nueva York en esa época hubieran hecho casi cualquier cosa por utilizar mano de obra ilegal en sus obras. Los costos de construcción de Nueva York eran los más elevados de la nación y

---

* Apoyo de Ben Carson a Trump. 11 de marzo de 2016.

todos los desarrolladores querían reducirlos. Usar mano de obra no sindicalizada y barata era una de las formas obvias de lograrlo. Lo único que impedía que pudieran hacerlo era el sindicato de constructores controlado por la mafia.

Atención: La parte más importante de esta historia no es que Trump usara mano de obra inmigrante e ilegal, sino que pudiera hacerlo sin meterse en problemas con los sindicatos —sin huelgas y sin protestas.

¿Cómo pudo ocurrir eso? De doce a quince miembros del *Housewreckers Union Local 54* del *Laborers International Union* (Sindicato Local de Demoledores del Sindicato Internacional de Trabajadores), incluido su presidente, John Senyshyn, trabajaron junto con más de 150 trabajadores polacos indocumentados en esa obra. Lo primero que hay que resaltar es que el *Laborers International Union* es reconocido por el FBI por haber estado relacionado con familias del crimen organizado de Chicago y Nueva York.

Trump contrató a un inmigrante polaco llamado John Kaszycki para que su esposa le consiguiera trabajadores polacos indocumentados. Ella los contrataba en Polonia y los enviaba a Estados Unidos por el costo de un pasaje.

Trump y Senyshyn, el presidente del sindicato, tenían un acuerdo que establecía que trabajadores no sindicalizados podían trabajar allí siempre y cuando las contribuciones para el sindicato 12 o los miembros del sindicato que trabajaban en la obra no estuvieran en riesgo. No tenemos conocimiento de cualquier otra compensación que Senyshyn pudiera haber recibido de manera personal como resultado de dicho acuerdo. Lo que sí es sabido es que Kaszycki estaba a cargo de los pagos del sindicato, y cuando ya no pudo hacerlos, Trump se encargó de ellos directamente.

Los trabajadores polacos estaban obligados a manejar el asbesto y a trabajar en las líneas de electricidad sin tener siquiera los cascos obligatorios. Se les pagaba en efectivo, de manera irregular

45

y menos de la mitad del salario que recibían los trabajadores sindicalizados, además de que no tenían prestaciones ni contribuían para el sistema de salud o de bienestar social del sindicato. A veces ni siquiera percibían salario alguno. Y varios de ellos dormían en la obra.

El problema reventó. Una sección opuesta del sindicato retó a Senyshyn por no insistir para que Trump pagara las cuotas de seguridad social del fondo del sindicato para TODOS los trabajadores, incluidos los polacos. Al mismo tiempo, los propios polacos empezaron a protestar por las pobres condiciones de trabajo y las pagas esporádicas y organizaron huelgas ilegales. Desesperado porque no iba a lograr terminar la demolición a tiempo, Trump contrató a su "viejo amigo" Danny Sullivan como consultor para que pusiera las cosas en orden. Gracias a sus contactos con varios sindicatos relacionados con la mafia, pronto Sullivan tuvo la situación bajo control en la obra y llegó hasta el extremo de castigar a Trump por poner en riesgo su licencia para el casino en Atlantic City por utilizar inmigrantes ilegales. (Ver la sección de Danny Sullivan).

Eventualmente el sindicato demandó a Trump para que pagara las cuotas de seguridad social faltantes. En el momento del juicio, Trump negó saber sobre los trabajadores polacos. El juez no aceptó la declaración de Trump por el simple hecho de que su oficina estaba enfrente de la obra y los polacos eran fácilmente identificables, ya que eran "los únicos sin cascos". El capataz de la obra testificó bajo juramento que Trump visitó un día el sitio y le dijo que "esos polacos" eran "trabajadores buenos y recios".

El New York Times publicó un reportaje que señalaba que después del juicio en 1991, el juez federal Charles Steward había emitido un fallo acerca de que la organización de Trump había conspirado con un líder sindical para retener la cantidad de 325,000 dólares en pagos de cuotas de seguridad social para el sindicato. Esa cantidad más intereses, más la multa, ascendió a una suma de 4 millones de dólares. Primero Trump apeló la decisión del juez, pero después pactó por fuera con el sindicato y llegaron a una suma no divulgada que se estima fue cercana a esos 4 millones.

Durante el proyecto de la Trump Tower a inicios de 1980 el *Housewreckers Union Local 54* se vio afectado por conflictos internos y cargos por actividades criminales. Harry Diduck, parte demandante asignada al caso contra Trump, también fue un elemento clave para derrocar a John Senyshyn de la presidencia del citado sindicato, por cargos de extorsión y corrupción.

Conclusión: gracias a su relación con la mafia le fue posible la contratación de los trabajadores ilegales en un inicio.

Los antecedentes de los supuestos vínculos de Trump con la mafia

"No es nada personal. Son solo negocios".
—Don Trump y Don Corleone

A Trump le gusta usar esta famosa cita #1 de la mafia para justificar por qué hace las cosas que hace. La cita aparece en sus libros y acompaña a su nombre al principio de cada uno de los episodios de su programa de televisión *El aprendiz*.

Más que pertenecer a *El Padrino*, parece ser parte del plan de estudios de la Universidad Trump.

Mi esposa impactó en una ocasión a los estudiantes de la maestría en administración de negocios de la Universidad George Washington cuando estábamos impartiendo una clase y ella les dijo que su libro de texto favorito sobre administración de negocios era la obra clásica de Mario Puzo. No bromeaba para nada. Solo imaginen a un hombre que tomó a un puñado de inmigrantes italianos desorganizados que únicamente hablaban italiano y los convirtió en un monstruo que no solo fue capaz de protegerlos a todos, a sus posiciones y a sus familias, sino que también se convirtió en la columna vertebral de una empresa de 10,000 millones de dólares anuales. Y lo hizo con estilo, con un organigrama y con un código de ética. Hay algo que decir al respecto y tal vez incluso algo que copiar, salvo por el hecho de que la narrativa mencionada es falsa casi en su totalidad en todos los aspectos —una obra de ficción completa.

La mayoría de los americanos ignoran en gran medida la existencia y la influencia de la mafia. Una de las razones es que la misma ha gastado millones de dólares durante los últimos 70 años en actividades de relaciones públicas encaminadas a encubrir su existencia. La otra razón es que la mayoría de lo que nosotros pensamos que sabemos de la mafia viene de novelas de crimen como *El Padrino*, las películas que dramatizan dichas novelas y de los éxitos de televisión como *Los Soprano* y *Boardwalk Empire*.

La mafia existía y existe. Solo que la verdad acerca de ella es muchísimos niveles de magnitud más sórdida de lo que pintan los retratos glamorosos de Marlon Brando y Al Pacino. El mito común es que la mafia estuvo presente en Las Vegas hasta 1960 y después de eso "Wall Street" compró los casinos y sus nuevos reguladores les llevaron la religión y el orden.

Eso está muy lejos de la verdad. Primero, fue dinero de la mafia en su mayoría el que le compró los casinos a la misma mafia. Como verán más adelante en el libro, las investigaciones de Dennis Gomes, uno de los más famosos luchadores anti mafia, fueron desviadas por políticos influenciados por la misma a finales de 1970 tanto en Las vegas como en Nueva Jersey. Aunado a eso está el hecho de que una de las mayores y más importantes acusaciones del FBI contra el crimen organizado (incluida actividad relacionada con casinos) ocurrió en épocas recientes, en 2007. Pero dicha acusación quedó limitada a las actividades de la familia criminal de Chicago, tan solo una de las quince familias dominantes que continúan operando hoy en día. (Ver la sección de Denis Gomes).

Hay un rasgo común y visible en las actividades de los criminales. Mientras que las personas buenas a menudo intentan dar más y mejor de lo que reciben, los criminales tienen un enfoque distinto. Para ellos, el flujo va en una sola dirección:

"Tú me das algo y yo no te doy nada". (Excepto quizá amenazas y otros tipos de coerción).

La palabra mafia se entiende generalmente como una organización criminal secreta formada en su mayoría por italiano-americanos involucrados en actividades criminales, juegos de azar, prostitución y drogas. En América se le llama crimen organizado.

En el centro de la mafia original estaban las 5 familias del crimen de Nueva York. Estas bandas criminales iniciaron en el marco del gran flujo de inmigrantes que pasaron por Ellis Island (hogar de la Estatua de la libertad) a finales del siglo XIX y principios del XX.

Para 1960 la mafia ganaba más de 7,000 millones de dólares al año (de acuerdo con cifras estimadas por el gobierno de Estados Unidos) y había crecido a quince familias relacionadas en las principales ciudades de Estados Unidos incluyendo Nueva York (las 5 familias originales también incluían Nueva Jersey), Buffalo, Boston (controlando todo Nueva Inglaterra), Filadelfia, Chicago, San Luis, Cleveland, Nueva Orleans, San Francisco y Los Angeles y Miami (aunque buena parte de Florida era controlada también por las familias de Nueva York). Cada familia operaba las actividades criminales dentro de su área. Pero existían "ciudades abiertas" en las que cualquier familia podía entrar, y las más importantes eran Las Vegas y Atlantic City. En determinado momento una de las 15 familias principales de la mafia llevaba a cabo algún tipo de actividad ilegal en esos lugares. Las actividades más grandes —tales como la operación de los casinos— eran "copropiedades" pertenecientes a dos o más familias. Estafaban grandes cantidades de efectivo, las ganancias no se reportaban y todo ese exceso se llevaba a otra parte. Cada socio recibía su parte proporcional de las ganancias por estafas de los casinos.

La mafia de Nueva York sufrió un fuerte impacto en 1980 cuando Rudi Giuliani se convirtió en fiscal de distrito. Casi a manera de venganza, Giuliani los persiguió y logró obtener condenas contra las cabezas de las 5 familias principales en el famoso Mafia Commission Trial (Juicio contra la mafia). Giuliani llevó el éxito de su lucha contra el crimen hasta convertirse eventualmente en alcalde de Nueva York. Sin embargo, por más importante que fue su hazaña en Nueva York, verá en capítulos posteriores que su efectividad fue limitada.

Históricamente el negocio de la mafia evolucionó de las calles a la sofisticada producción y distribución de alcohol ilegal durante la prohibición y a la industria de los juegos de azar, poco tiempo después. El tráfico de drogas, la prostitución y las apuestas siguen siendo actividades de la mafia sin importar a qué otras cosas se dediquen. Pero la mafia no pudo competir contra los avanzados sistemas electrónicos de vigilancia que Giuliani y otras autoridades usaban contra ellos. Cada vez más jefes —no muy listos— terminaban en la cárcel. Los más inteligentes hicieron lo posible por no llamar la atención y desaparecieron en un segundo plano con sus millones, se dedicaron al negocio de bienes raíces entre otros y mandaron a sus hijos a los mejores colegios particulares.

En un principio, las actividades legales de la mafia eran solo una manera de lavar el dinero ilegal. Al mismo tiempo, los ingresos provenientes de las actividades legales continuaban creciendo. Entre 1930 y 1980 prácticamente todos los casinos importantes de Las Vegas tenían nexos con el crimen organizado. Desde 1945 la mafia le dio a J. Walter Thompson su primer contrato para promocionar el turismo en Las Vegas. La idea era promover a Las Vegas como *destino familiar*.

La mafia había hecho su mejor esfuerzo para hacer que Las Vegas fuera "seguro para los negocios" al declararlo "libre de ataques". Los asesinos a sueldo andaban circulando por allí como choferes, esperando la llegada de vuelos transcontinentales y con mucho tiempo libre hasta que sus blancos viajaran a otro destino que no fuera Las Vegas. La mafia nunca estuvo integrada por tipos decentes. Desde sus inicios, la mafia de Nueva York o La Cosa Nostra era un grupo de tipos traidores, traficantes de drogas, extorsionistas que no dudaban ni un segundo antes de delatarse unos a otros, cuando así les convenía. Su moneda de cambio eran las drogas, el alcohol y la prostitución y jugar con la violencia y la extorsión por debajo de la superficie. Había muy poco honor. No había escrúpulos si se trataba de vender drogas. Aquellos, (como Lucky Luciano) que se jactaban más abiertamente de su postura anti drogas, resultaron ser los más involucrados.

Ah, y no olvidemos los asesinatos. La frase "¡solo nos matamos entre nosotros!" era una absoluta mentira. Mataban gente que no quería cooperar con ellos, que se interponía en su camino, por simple venganza o por ocupar la cabina que querían en un restaurante. Algunos miembros inocentes de las familias a menudo eran amenazados para "sellar un trato". Varios mafiosos pensaban que una racha de asesinatos cada diez años desempeñaba un importante papel en la vida de la mafia, de la misma manera que un incendio en el bosque funciona en la naturaleza: para limpiar la madera muerta.

Los jefes ordenaban matar a sus subalternos y luego estos les devolvían el favor cuando los subalternos se revelaban y mataban a sus jefes. En caso de que quiera profundizar en su conocimiento de los tipos malos encontrará referencias suficientes en la bibliografía.

La información proporcionaba arriba fue incluida como antecedente de los contactos de Trump con la mafia. Él hacía negocios en un tiempo y en un lugar en los que la mafia tenía un poder

considerable. Eran peligrosos, incrementaban el precio de los negocios y eran inevitables si querías hacer negocio en Nueva York.

Pero, posiblemente, incluso peor que sus vínculos con la mafia, son los nexos de Trump con el Cartel de los casinos.

El cartel de los casinos: su pasado no tan glorioso

> *"El sistema está completamente amañado, amigos".*
> —Donald Trump

Cuando dijo eso, Trump se refería al procedimiento del Partido
Republicano para la elección del candidato presidencial, pero en
realidad podría y referirse a los juegos de azar. El cartel de los
casinos no es más que un hermético grupo de multimillonarios
derivado de la mafia, que ha convencido al mundo entero a que
pague para tener la oportunidad de ser robado. El mito de que
Wall Street desplazó a la mafia en Las Vegas y Atlantic City ha
sido ampliamente desacreditado por las revelaciones del libro
Boardwalk Jungle de Ovid Demaris y en *Temples of Chance*, de
David Johnston.

Echemos un vistazo a los orígenes de algunos de los principales nombres del mundo de los casinos.

Pritzker y el Hyatt
Abel Pritzker era un obscuro abogado de Chicago antes de convertirse, de la noche a la mañana, en un patriarca de una dinastía
financiera tan vasta y bien disimulada entre un laberinto corporativo de compañías y fideicomisos, que sería imposible medirla
en su totalidad. Pero hay suficientes señales que sobresalen y que
permiten hacerse una idea bastante clara.

Cuando Pritzker apareció ante la CCC (Comisión de Control de Casinos) de Las Vegas y Atlantic City a principios de los

80's, tenía 86 años y su imperio industrial generaba 3,000 millones de dólares al año. Comenzó sus negocios en la década de los 40's con su buen amigo Arthur Greene, mejor conocido en un reporte de la comisión del crimen de Chicago por ser supuestamente la "cabeza de todos los estafadores de Chicago... asesor financiero de Jack 'Greasy Thumb' Guzik (Pulgar Grasiento) y de todo el sindicato de Capone. Controla media docena de organizaciones de negocios con las cuales realiza operaciones para hacer dinero".

En 1958, la oficina del fiscal de distrito de Los Angeles reportó que Greene "ha sido durante varios años el agente inversionista de Meyer Lansky, Charles y Rocco Fischetti, (primos de Al Capone y mafiosos de alto rango en Chicago por méritos propios)..."Una más de las muchas otras actividades que vale la pena tomar en cuenta es que era el dueño del casino de Meyer Lansky en la Habana anterior a Castro.

El reporte del fiscal mencionaba la relación entre Pritzker y Greene y continuaba enumerando a los mafiosos que representaba el despacho de abogados de Pritzker, así como la manera en la que éste súbitamente empezó a "absorber" numerosas compañías lucrativas y de renombre. Otro reporte de la división de inteligencia del departamento de policía de Los Angeles señaló que Abe Pritzker estaba "activo localmente, en Los Angeles, como un frente en el oeste para el movimiento de dinero que se destinaría en el área para homicidios".

La oficina de Pritzker estaba en la misma dirección que la de Sidney Korshak, descrito en un reporte de la comisión de crimen organizado de California en 1978 como un "Abogado laborista, a cargo de los números del crimen organizado de Chicago y enlace principal entre el crimen organizado y los grandes negocios". Korshak era "a menudo el encargado de representar a la pandilla de Chicago, normalmente en secreto". Poco tiempo antes de ser asesinado, un mafioso testificó que, cuando fue presentado con

Korshak por un mafioso de nivel superior, fue informado que "Sidney es nuestro hombre, y quiero que hagas todo lo que él te diga... no es simplemente un abogado más, sino que conoce a nuestra pandilla y cuida nuestros principales intereses. Presta mucha atención a lo que te dice, y recuerda que cualquier mensaje suyo, es un mensaje que viene de nosotros". El FBI creía que él también tenía el control sobre el fondo de seguridad social del Teamsters Union (Sindicato Teamsters).

Todo esto nos lleva a la pregunta de cómo Abe Pritzker se hizo tan rico tan rápidamente. Pritzker admitió conocer a Korshak pero negó tener algo que ver con los mafiosos. Sin embargo, uno de los abogados de su despacho, Stanford Clinton, representaba a Jimmy Hoffa y al Teamsters Union. Clinton dejó el despacho de Pritzker para convertirse en asesor general de los Teamsters y ese mismo año, Pritzker comenzó a recibir grandes "préstamos" del fondo de seguridad social de Teamsters. El primero de ellos fue por 2 millones de dólares; en 1966 recibió dos préstamos más por una suma total de 5 millones de dólares, mismos que usó para comprar la cadena de hoteles Hyatt. En los siguientes 15 años, a propósito de su testimonio ante la CCC, recibió 54 millones de dólares en préstamos del fondo de seguridad social de Teamsters y, en el momento de la entrevista, debía 49 millones. Ese dinero se había utilizado para la compra de los casinos de Pritzker en Las Vegas. Un memorándum de la IRS (Secretaría de Hacienda) confirmó más adelante que era dinero de la mafia el que estaba detrás de la compra de la cadena Hyatt y de sus casinos.

A mediados de los 70's los hoteles Hyatt tenían un valor aproximado de 5,000 millones de dólares y Pritzker decidió hacerla privada. Se preparó para esto por adelantado y formó la Elsinore Corporation en 1972, como la rama de casinos de Hyatt.

Compró las acciones de Hyatt del resto de los accionistas con algún dinero en efectivo y les dio acciones en la segregada y ya endeudada Elsinore Corporation. Pritzker hizo cientos de millones de dólares con esta transacción; los demás accionistas, nada. Para sumarle a su deuda, Elsinore Corporation se asoció con Hugh Hefner para construir el Playboy Hotel & Casino en Atlantic City. Cuando la junta de control de casinos negó inesperadamente la licencia a Hefner, Elsinore le compró su parte, lo cual incrementó su deuda aún más.

En 1984, Elsinore cambió su nombre a Atlantis Hotel & Casino y muy poco tiempo después se declaró en bancarrota.

Pocos años después, Donald Trump compró el casino en dificultades y le cambió el nombre a Trump Regency.

Un memorándum de la IRS que se hizo público dos años antes de que Hefner vendiera su parte a Pritzker mencionaba que "la familia Pritzker de Chicago, a través de la Corporación Hyatt, recibió el respaldo inicial del crimen organizado". Otro memorándum de la misma agencia aseguraba que la familia Pritzker tenía un pasivo corriente de impuestos por 11 millones de dólares. (Ver libro de Demaris).

Tenga esto en mente cuando llegue a la sección sobre la CCC de Atlantic City. Se preguntará cómo hizo Pritzker y su Elsinore Corporation para pasar su proceso de supervisión.

Bally's

En 1980 Bally's era el fabricante de máquinas tragamonedas más grande del mundo. Antes de llamarse así se llamaba Lion's Manufacturing. Cuando se convirtió en Bally's uno de sus accionistas mayoritarios era un mafioso de Nueva York llamado Jerry Catena. Cuando se descubrió la relación de Catena con Bally's en 1965, Bally's compró su parte y continuó vendiendo máquinas tragamonedas a una compañía formada y controlada por Catena, llamada Runyan Sales Company. Esas ventas continuaron al menos hasta los 70's.

Catena tenía otras responsabilidades. Como cabeza de la sección de Nueva Jersey de la familia criminal Genovese tenía un control indiscutible sobre el puerto de Newark, en Nueva Jersey, mismo que movía 9,000 millones de dólares en mercancías cada año. Sus lugartenientes era oficiales en la International Longshoremen's Asociation.

En 1970 fue acusado de extorsión y otros crímenes y pasó 2 años en prisión. Cuando salió y los casinos fueron legalizados en Atlantic City estaba listo para vender máquinas tragamonedas a todos los casinos nuevos. Pero eso no era todo.

Bally's Entertainment se interesó por Atlantic City tan pronto como el juegos de azar fue legalizado, y para 1979 Bally's Park Place estaba listo para solicitar una licencia. Joe Lordi, el director de la CCC, ya estaba contaminado por sus contactos con la mafia y con Joe Catena. (Ver la sección sobre la CCC).

Lo que no podía ser totalmente omitido, incluso por Lordi, era el hecho de que el director de Bally's Corporation (mismo que también era su presidente y principal accionista) era William T. O'Donnell.

O'Donnell era el gerente de ventas de Lion's Manufacturing Corp. cuando la venta de sus productos solo era legal en el estado de Nevada. Al mismo tiempo, Joe Catena, el socio de Lion's y la familia criminal Genovese vendían miles de máquinas tragamonedas ilegales a bares, billares y tiendas de abarrotes afuera de Nevada.

Raymond Moloney, fundador de Lion´s, murió en 1958. Hasta entonces, Lion's era una compañía que solo proveía máquinas tragamonedas a la mafia. Pero cuando la compañía se puso a la venta, la compró Runyon Sales, la compañía de Catena. Desde ese momento fue propiedad de la mafia. Para 1968, Bally's tenía el 90% de la venta mundial de máquinas tragamonedas. (¿Cómo es posible que una compañía tenga el monopolio de un artículo tan vital como las máquinas tragamonedas en una industria infestada por criminales?) En ese año fue cuando cambió su nombre a Bally's Manufacturing Corporation para disfrazar sus vínculos con sus verdaderos orígenes. (Ver Demaris).

Esto le funcionó de maravilla ya que, poco tiempo después, durante un soleado día en Las Vegas, la SEC (U.S. Securities and Exchange Commission /Comisión de Regulacion Bursátil) le otorgó un certificado de buena salud y la aprobó para ofrecer públicamente sus acciones.

Para mediados de los 80's, entre otras propiedades, la ahora "pública" Bally's Corporation era dueña de casinos en Las Vegas, Reno y Atlantic City.

La comisión de juegos de azar de Nevada, en Las Vegas, le pidió la renuncia a Sam Klein, el segundo accionista y fiduciario de Bally's, cuando descubrió su asociación con Catena. Klein negó la conexión pero, de hecho, era uno de los miembros del equipo original de Catena, relacionado con la mafia, cuando compró Lion's Manufacturing. Klein había estado involucrado con la mafia incluso antes de eso —se había iniciado en el negocio de las máquinas dispensadoras por Sam Schrader, descrito como "socio minoritario" de Meyer Lansky. Klein también estaba asociado con Carl Glickman, otro famoso mafioso y a quien consideraba como su mejor amigo, en un casino en Kentucky.

En los 90's Bally's Entertainment fue adquirida por los hoteles Hilton, y se convirtió en Park Place Entertainment, que se transformó en Caesar's Entertainment, y que fue adquirida en 2005 por Harrah's Entertainment.

Esto cierra el círculo completo. En los años 1950, los casinos originales de Bill Harrah en Reno y Lago Tahoe eran dos de los mayores productores de dinero de Nevada. Se hizo famoso por conseguir prostitutas para sus clientes importantes y luego intentar disfrazar sus "honorarios" como deducciones fiscales.

Cuando murió Bill en 1978, Holiday Inn compró su compañía por 300 millones de dólares.

Antes de adquirir Harrah, Holiday Inn era una compañía cristiana que había emitido comunicados públicos en contra del juego sobre bases morales. Cuando de pronto "decidió" involucrarse en el negocio del juego, su director y dos de los miembros de su mesa directiva renunciaron y dejaron la compañía. Sin duda hay alguna historia de fondo en ese asunto pero no es necesario profundizar en ello. Los nexos entre la mafia y Bally's, Harrah, Hilton, Caesar's, Hyatt, Holiday Inn, etc... son bastante claros.

Es difícil imaginar una industria que sea más criminalmente incestuosa; o una que genere tantas ganancias para tan pocos, a expensas de tantos.

Casinos: juegos de azar, prostitución, alcohol y drogas

> *"Es inmoral dejar a un tonto irse a casa con su dinero".*
> —Jefe de la mafia/operador de un casino

Un casino es como una araña, atrae a la gente hacia su salón con una red brillante, pegajosa, emocionante y misteriosa. El cartel de casinos vende en su publicidad emoción, atractivo, sofisticación y la misteriosa promesa de grandes riquezas. Esto no es completamente cierto. Los verdaderos cuatro jinetes del cartel de los casinos (como se muestra en secciones posteriores del libro) son los juegos de azar, la prostitución, el alcohol y las drogas y siempre van juntos.

Podrás mantener viva la esperanza de que "tendrás muy buena suerte" en la mesa de baccarat o en las maquinitas, pero los operadores de los casinos se asegurarán de que eso no suceda. Los juegos que se juegan en los casinos están controlados por software que están programados para asegurarse de que pierdas. Mientras más tiempo permanezca un jugador en un casino, es más seguro que no salga por encima de la casa.

Al mismo tiempo, lo manejarán con suficiente alcohol, e incluso con chicas, si la computadora del casino lo identifica como uno de sus mejores clientes. Y siempre hay drogas a su disposición a tan solo unos pasos. ¿Por qué? Quizá el dueño de un casino quiere creer que está obteniendo algo a cambio del dinero que está gastando. Es por eso que, "lo que pasa en Las Vegas se queda en Las Vegas" y "lo que pasa en Atlantic City se queda en Atlantic City".

Seguro su dinero se queda allí, y detrás está el operador del casino, siempre presente, ambicioso y criminal.

¿Qué tan lucrativa es una sola maquina tragamonedas para los operadores de los casinos? Hoy en día, más de la mitad de las ganancias de un casino vienen de esos modernos bandidos de un solo brazo. En 1991, El casino Harrah's Marina, en Atlantic City tenía 1,739 máquinas. Cada una cuesta 5,000 dólares. En ese año cada una de ellas le dejó más de 103,000 dólares a Harrah's. (Ver la sección de Johnston).

El operador de casinos le dice a la comunidad que genera empleos y paga impuestos a cambio de poder operar dentro de sus fronteras, pero como se verá en un capítulo posterior, por cada dólar que recibe una comunidad en ingresos fiscales, tendrá que pagar de 3 a 4 dólares de gastos, infraestructura, servicios sociales más elevados, y costos de aplicación de la ley derivados del inevitable aumento de criminales que asisten al casino.

El operador del casino intenta que el visitante se vuelva adicto y a menudo lo hace gastar más de lo que puede, lo cual lo lleva a la bancarrota y a un hogar roto.

Aunque el juego de azar en los casinos se ha "legalizado" en veinte estados de Estados Unidos y en dos territorios, aún cumple el criterio de un acto criminal: el operador del casino se queda con el dinero del visitante sin darle nada de valor a cambio.

La industria de casinos alardea mucho sobre el hecho de que "la mafia se ha ido y ahora Wall Street maneja el juego de azar". Más bien sería: "La mafia ha muerto. Larga vida a la mafia".

El título de operador de casino debería ser visto como algo muy poco honorable. No es gente amable. Ni siquiera es gente neutral.

¿Trump todavía es miembro del cartel de casinos? No estamos seguros ya que la industria del juego, aparentemente lo machacó antes de echarlo fuera hace algunos años.

Aun así, los tipos de los casinos todavía están incluidos entre sus principales patrocinadores y asesores. Para demostrar que en verdad es independiente, él necesitaría rechazar al cartel de casinos y a todas sus nocivas actividades.

De lo contrario, si Trump planea postularse con una "boleta de casinos" en la mano debería hacérnoslo saber.

A continuación encontrará secciones sobre algunos de los miembros importantes del cartel de casinos con los que Trump tiene relaciones. Después de leer acerca de ellos, podrá decidir por usted mismo si es buena idea confiar en esos personajes para cuestiones de políticas internas o internacionales.

Reitero, si tan solo Trump hablara abiertamente de todos estos contactos y se separara de las actividades de los casinos que han causado tanto daño a Atlantic City, quizá los votantes estarían dispuestos a perdonarlo.

Pero, como no ha estado dispuesto a hacerlo, este libro se va a entrometer en lugares que tal vez Trump hubiera preferido que nadie se asomara.

4

Personas Trump-maravillosas

La gente cercana que él conserva

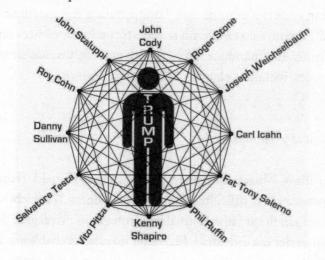

El proverbio que dice que se puede conocer a una persona por sus amigos está basado en el hecho de que, debido a que tendemos a relacionarnos con la gente que se parece a nosotros, a menudo nuestros amigos son como un vistazo al interior de nuestra personalidad. Un chico que se rodea de drogadictos y parranderos es probable que también sea un parrandero. Si quieres saber qué tipo de persona es Sally, mira a sus amigos. La práctica de revisar el entorno está basada en este principio. Incluso está en la Biblia.*

A continuación echaremos un vistazo a algunas de las personas más importantes del mundo de Donald Trump, en el pasado y en el presente.

Son sus mentores, personas con las que ha trabajado, gente que admira y aquellos a los que busca para pedir consejos o ayuda.

Muchos de sus vínculos con la mafia datan de hace 20 o 30 años y varios ya están muertos o en la cárcel. Es poco probable que Trump haya estado en contacto con la mayoría de ellos desde hace mucho tiempo. El problema es que él niega su existencia. Esto resulta deshonesto ya que son demasiados para ser ignorados. ¿Cuántos de ellos estuvieron relacionados indirectamente o tuvieron conocimiento de que Trump tratara con personas de la mafia? Pero no solo eso, como se muestra en los siguientes capítulos, Trump aún mantiene nexos con algunos de los más siniestros personajes, incluidos algunos del cartel de casinos.

Privacidad y chantaje

En su libro, *Trump: sobreviviendo en la cima*, Donald Trump se lamenta sobre las dificultades que experimentan las celebridades que intentan llevar vidas normales y proteger su privacidad. Podemos entender esa dificultad. Pero aquí no estamos hablando sobre su derecho a tener privacidad. Estamos hablando sobre seguridad nacional, así como sobre la seguridad personal del señor Trump. El soborno y la extorsión son las herramientas preferidas de la mafia. Cualquier secreto que involucre nexos entre un candidato presidencial y la mafia, es una invitación abierta al escándalo. Es obvio que si Trump fuera a ser presidente, cualquier mafioso que

* Como ejemplos: Proverbios 13:20 y Corintios 15:53.

tuviera algún pequeño secreto sobre él, lo aprovecharía para sacar provecho. No se necesita mucha imaginación para darse cuenta de que esto lo colocaría en una muy mala posición como presidente. Y esto es innecesario. Trump podría hacerse inmune ante tales amenazas si tan solo fuera abierto sobre ellas.

"Tendremos personas maravillosas, las mejores personas"

Esta es una promesa que hemos escuchado varias veces en los discursos de Trump. Esto va de la mano con la idea de que la mayoría de los políticos Demócratas y Republicanos, pasados y presentes, son perdedores y solo Trump puede tener acceso a una fuente de personas realmente maravillosas. Asegura haber escogido a una de sus personas maravillosas como secretario del tesoro y a otro para encabezar las negociaciones con China. Es cierto que debido a su inexperiencia en asuntos internacionales y domésticos, Trump necesitará personas maravillosas que lo asesoren si llegara a convertirse en presidente. Pero su noción de "las mejores" personas quizá no siempre resulte ser tan maravillosa.

Hizo la misma promesa once años atrás en los videos promocionales para su Universidad Trump, misma que ya no existe. Trump dijo a los estudiantes que recibirían su educación de "expertos", personalmente seleccionados por él mismo: "Tendremos profesores y profesores adjuntos. Tendremos personas maravillosas… las mejores personas, los mejores cerebros". Pero, como se menciona en este libro, esas personas maravillosas nunca se materializaron.

Respetuosamente, debo mencionar que Trump tiene la costumbre de describir a personas realmente extrañas como "maravillosas".

A continuación mencionaré algunos de los miembros principales de su círculo más cercano. Quedan clasificados más o menos en tres categorías. Están primero los asesores de toda la vida, los consultores, y (¿podemos decirlo?) los *consiglieres* —personas que lo aconsejan y en quienes confía. Luego están los miembros de la mafia, mismos que Trump prefiere negar. Y por último, están sus contactos más recientes —aquellos que presentó en el evento de guerreros heridos y que son miembros del cartel de casinos y sus principales patrocinadores.

El Evento de los Guerreros Heridos

En un helado día en febrero de 2016, el Trump se retiró de un debate presidencial televisado por un altercado con Megyn Kelly, comentarista de Fox News. Fue justo antes de las primarias de Iowa y acabó perdiendo esa elección. Lo que pareció un acto de brillantez en aquel momento fue que Trump organizó su propio evento en la calle (literalmente de un momento a otro) para que coincidiera con el momento preciso en el que se transmitiría el debate en Fox News. Éste se presentó como un "Evento para Guerreros Heridos". Supuestamente Trump donó un millón de dólares al programa de guerreros heridos y consiguió que varios de sus amigos contribuyeran con algunos millones más. El evento comenzó con las conmovedoras palabras: "nuestros veteranos están siendo maltratados" y continuó con la presentación de los amigos que había conseguido como donadores. Obtuvo mucha publicidad.

Pero la velada fue mucho más importante por todo lo que no se dijo acerca de los donadores. Lo que leerá a continuación completa algunos de los datos que faltan.

El misterioso hombre anónimo

Donald Trump dejó muy claro en su discurso en el evento de Guerreros Heridos que cuando llamó a los donadores potenciales para que lo acompañaran, él no necesariamente buscaba apoyo para los veteranos, sino que más bien buscaba apoyo para su campaña. Presentó así al mayor donador (que dio un millón de dólares):

> "Un hombre muy rico de Nueva York y un muy buen amigo mío que quiere permanecer anónimo."
> "Obviamente se ha vuelto un poco ermitaño."
> Yo dije: "Hazme un favor. ¿Podrías darme un millón de dólares para esto?"
> Él dijo: "¿Qué?"
> Yo dije: "Despreocúpate, en serio. ¿Podrías darme un millón?"
> Él dijo: "Por lo menos cuéntame."
> Yo dije: "Es para los veteranos."
> Él contestó: "Lo tendrás."

Este "donador anónimo" tuvo que preguntar varias veces antes de que Trump le dijera para qué era el dinero.

¿No resulta un poco irónico que el mayor donador del evento de Trump quisiera permanecer anónimo?

Tomar dinero de intereses especiales ocultos es una de las críticas más frecuentes que le han hecho otros candidatos.

No podemos decir nada más acerca de él. Anónimo es anónimo.

J.J. Cafaro

John J. Cafaro fue otro de los buenos amigos de Trump a quien presentó esa noche. Lo describió como un "hombre fantástico" que "ha hecho mucho dinero en Cleveland". Cerca, pero no fue en Cleveland exactamente.

J.J. viene de Youngstown, Ohio, mejor conocida por sus propios residentes como "La ciudad del asesinato de Estados Unidos" y posiblemente la ciudad mediana más corrupta de América.* En 2000 un reportaje describió a Youngstown como "la ciudad que se enamoró de la mafia" y nombró una lista de funcionarios "controlados por la mafia", como "el jefe de la policía, el procurador saliente, el alguacil, el ingeniero del condado, miembros de la policía local, el director de leyes de la ciudad, varios abogados defensores, varios políticos, jueces y un ex ayudante del fiscal".

Evidentemente J.J, y su hermano, William M. Cafaro, no tuvieron ningún inconveniente para florecer en ese ambiente y para convertir a una pequeña compañía que iniciaron en 1949, en una de las más grandes desarrollas inmobiliarias de los Estados Unidos —La Cafaro Company.

Hace algunos años, J.J. fue despedido de su cargo como vicepresidente de la compañía. Quizá eso tuvo algo que ver con las dificultades que tuvo con las autoridades por temas como sobornar a James A. Traficant *Jr.*, un congresista vinculado con la Mafia, mentir en un juicio federal cuando estaba bajo juramento, y, más recientemente, mentir sobre haberle dado 10,000 dólares a

---

* Ver el sitio de Rick Porrello, americanmafia.com. Porrello es experto en mafia y fue jefe de policía de Lyndhurst, OH, en las afueras de Youngstown.

su hija, Capri, para su campaña para el congreso. Lo último ocurrió en 2011 y tuvo que pagar una multa de 250,000 además de 150 horas de trabajo comunitario como parte de su condena. Su periodo de libertad condicional terminó en 2013.

En 2013, en el juicio federal del congresista Traficant por crímenes y corrupción, Richard Detore, un ex empleado de Cafaro, dijo al comité de ética que la familia de J.J. también había enviado regalos ilegales a otro político vinculado con la mafia, el ex senador Robert Torricelli de Nueva Jersey y a una de sus novias.

J.J. se vuelve susceptible cuando surge el tema de la mafia. Formaba parte de la junta directiva de la National Italian American Foundation (Asociación Nacional Italiana Americana) cuando en 1998 apareció en los titulares por organizar un plantón frente a las oficinas de los productores de la serie de HBO, *Los Sopranos*. La organización de Cafaro alegaba que la serie ganadora de premios "reforzaba los estereotipos negativos sobre los italiano-americanos". Esta no era una estrategia original.

El mafioso, Joseph Colombo, padrino de una de las cinco familias de la mafia de Nueva York, creó a principios de los 70's la Italian-American Civil Rights League (Liga Italiano-Americana de Derechos Civiles) para proteger a la mafia alegando que eran falsamente difamados debido a sus antecedentes raciales. Entre otras cosas, Colombo convenció al productor de la película *El Padrino* de eliminar de los diálogos cualquier mención de mafia o La Cosa Nostra. Luego de que Colombo fuera asesinado a balazos en un evento de la liga en Central Park, su grupo se desintegró y fue reemplazado poco tiempo después por la National Italian American Foundation de Cafaro.

De cualquier forma, el plantón de J.J. en 1998 fue cancelado luego de que los medios revelaran que el organizador del evento, un tal Señor William Fugazy, era un criminal convicto (acusado de fraudes y actividades criminales), declarado por la corte como supuesto miembro de la mafia.

J.J. completó su periodo de libertad condicional derivado de su condena federal en 2013.

Este es uno de los "hombres maravillosos" a los que Trump recurrió cuando necesitaba ayuda.

Carl Icahn

Carl Icahn, mucho más rico que Donald Trump, ha sido mencionado a menudo por Trump como el hombre al que designaría como secretario del tesoro. Icahn ha dado respuestas vagas y la mayoría del tiempo rechaza amablemente  la oferta del gabinete, pero ocasionalmente parece considerarlo. ¿Quién es el Señor Icahn y a qué se dedica?

En sus inicios Icahn se dedicaba a ganarle a los clientes del Long Island Beach Resort en juegos de cartas, cuando trabajaba allí como camarero en su adolescencia. Presume de que "era 10 veces mejor en el póker que la mayoría de ellos". Hoy en día es dueño de una docena de casinos incluidos algunos en Las Vegas y Atlantic City.

En 1985 adquirió la reputación como estafador corporativo despiadado luego de su adquisición hostil de la línea aérea TWA. Vendió los principales activos de la aerolínea para pagar la deuda en la que había incurrido con la compra de la misma, y acumuló para él mismo una ganancia de cerca de mil millones de dólares, al mismo tiempo que dejaba atrapada a la línea aérea con una deuda de 540 millones de dólares. Afectada por la deuda, TWA pasó por 3 bancarrotas antes de ser adquirida por American Airlines, misma que despidió a todos los empleados de TWA.

Su otro paso a la fama fue gracias a su empleo del *greenmail*. *Greenmail* es una variante de la palabra (y la acción) del chantaje, y es la práctica de comprar acciones de una compañía para amenazar con una adquisición hostil y/o hacer algún cambio radical en la misma, para luego usar esa capacidad de negociación para presionar a dicha compañía a comprarle de vuelta las acciones a un precio muy inflado a cambio de abandonar la adquisición hostil.

Uno de los ejemplos más famosos de *greenmail* fue el chantaje de Icahn a Viacom International, en 1986. Icahn compró 3.5 millones de dólares en acciones (17%) de Viacom y amenazó con adquirirla. La mesa directiva de Viacom se apanicó. Icahn no les había dejado otra opción más que la de comprarle las acciones de vuelta. Los expertos estiman que le llevó dos semanas hacer un mínimo de 21 millones en esa transacción. Al comprar de vuelta las acciones de Icahn, Viacom agotó toda su capacidad de crédito y sus acciones cayeron un 20%.

La práctica de *greenmail* es considerada tan nefasta que algunos estados, incluido Nueva York, pasaron regulaciones para restringirla. Crain's New York Business ha llamado al Señor Icahn "el principal inversionista a nivel mundial, un hombre que ha amasado una fortuna de 26 mil millones de dólares, obligando a los equipos de administración de Apple, eBay y muchas otras a hacer lo que fuera necesario para subir el precio de sus acciones".

Martin Lipton, uno de los principales abogados corporativos de Nueva York, llama a las acciones del Señor Icahn una "forma de extorsión", debido a que "provocan en el corto plazo incrementos en el precio de mercado de las acciones, a costa de su valor en el largo plazo." Lipton ha jugado un papel fundamental para impedir muchos de los intentos de adquisiciones hostiles de Icahn, al trabajar en corporaciones como Phillips Petroleum (1985), Dell Computer (2012), Clorox (2012), y CRV (Refinería de petróleo). Andrew Feinberg, escritor de la revista *Investing*, describió las actividades de Icahn como "activismo de moral dudosa para perjudicar al accionista".

Hoy en día ya no se usa el término *greenmailer* o chantajista. Ahora se usa uno más neutral y políticamente correcto que lo ha reemplazado y es "inversionista activo".

¿Eso significa que el *greenmail* es una cosa del pasado? Para nada. En 2013 volvió cuando Icahn puso en su mira a WebMD Corporation y se convirtió en su accionista mayoritario después de comprar más del 10% de sus acciones. Unos meses más tarde, casi duplicó su inversión cuando la compañía accedió a comprar sus acciones de vuelta por 177.3 millones de dólares. Más o menos por la misma época realizó un *dumping* de 2 mil millones de dólares en Apple y luego exigió que ésta le comprara de nuevo sus acciones, lo cual duplicó el valor de la tenedora de Icahn. Una cita suya es "Apple tenía demasiado dinero en sus libros". Quizá eso sea cierto, pero como señaló un artículo editorial en el *New York Times*, Icahn no contribuyó en lo absoluto al éxito de Apple y no tomó en cuenta qué era lo mejor para la empresa.

Icahn tiene muchos intereses en casinos desde hace tiempo y hace poco adquirió el casino en quiebra, Trump Taj Mahal, que se encuentra en Atlantic City, además de que está considerando adquirir el casino adyacente Showboat.

"Todo se reduce al precio, en cuánto está valuado y los retornos potenciales en el largo plazo," dijo Icahn. Pero, ¿para quién? ¿Para la comunidad, para el país o para él mismo?

Un último comentario sobre Icahn: Bess Levin de *News-Bank* reportó que en los últimos 5 años Carl nombró a 42 personas para que ocuparan sitios en las mesas directivas de varias empresas públicas en las que quería tener influencia, como EBay y Herbalife. Ni una sola fue mujer.

Uno se pregunta qué pasará con todas las mujeres que forman parte del departamento del tesoro si Icahn se une al gabinete de Trump.

Phil Ruffin

Otro operador de casino multimillonario de Las Vegas, Phil Ruffin,
donó un millón de dólares para el
evento de Trump.

Ruffin fue presentado por
Trump como "otro gran amigo mío,
uno de los hombres más brillantes
que jamás conocerán, un magnífico
jugador de póker de clase mundial.
No puedes hacer un acuerdo con
este hombre y salir ganando. Es im-
posible De hecho, lo estoy considerando para China. Compró un
pedazo de tierra en Las Vegas por 110 millones y lo vendió unos
años más tarde en 1,300 millones".

Maravillosas credenciales. Maravilloso jugador de póker con
quien es imposible jugar y salir ganando.

Trump mencionó que ganó 1,200 millones de dólares con
la venta de la propiedad, pero, ¿cómo lo hizo? La propiedad en
cuestión es el New Frontier Hotel & Casino, y Ruffin lo adquirió
por 165 millones en 1998 a Margaret Elardi y su familia. Una de
las razones de que estuviera tan barato fue que los bienes raíces
estaban a la baja; pero más importante aún fue el hecho de que
el casino llevaba 6 años sumido en una huelga, a veces violenta, del
Culinary Workers Union Local 226 (Sindicato Local de Trabajadores Culinarios), uno de los sindicatos más poderosos de Las Vegas.

En 1978, el sindicato de trabajadores culinarios había sido
mencionado por el FBI como uno de los tres sindicatos más infil-
trados por el crimen organizado.

Aparentemente eso no fue problema para Ruffin. Incluso
antes de que él llegara a tomar posesión del casino New Frontier
en 1998, el problema laboral había desaparecido.

Isaac Perlmutter

Ike (Isaac) Perlmutter también estaba en la lista de los donadores de un millón de dólares del evento de Trump. Difícilmente es anónimo, ya que es el presidente de Marvel Entertainment desde el año 2005. Sin embargo, si no anónimo, si es bastante reservado. Nació en Palestina durante el mandato británico en 1942 y se cree que luchó en la guerra de los seis  días en junio de 1967 (posiblemente del lado israelita).

Así es, tiene 73 años de edad. No se ve tan viejo en la foto, ¿verdad? No es que haga dietas o ejercicio. Es porque esta es la única fotografía de él que ha permitido que se publique —fue tomada en 1985 cuando tenía 43 años.

De acuerdo con el *Financial Times*, se enorgullece de no haber dado ninguna entrevista durante toda su carrera, a pesar de que sus múltiples pleitos en la corte y sus batallas por bancarrotas hicieran de él una figura pública. Ha sido llamado "uno de los hombres más temidos y reservados de Hollywood —descrito constantemente por sus empleados y colaboradores como un 'tirano'".

.Perlmutter fue acusado de racismo en 2013 por haber despedido a tres empleadas afroamericanas mayores de edad y supuestamente lo escucharon decir palabras que afirmaban que "nadie se daría cuenta si reemplazaban a Terrence Howard, un actor afroamericano por Don Cheadle, otro actor afroamericano en la película Iron Man 2, ya que todos los negros 'son iguales'". El acuerdo por la demanda de las 3 empleadas afroamericanas fue pactado fuera de la corte. Supuestamente también le dijo a Bob Harras, el ex director en jefe de Marvel, que si su hijo fuera gay debería asesinarlo.*

* Reportado en el *Daily Beast* en febrero de 2016.

En la actualidad el Señor Perlmutter está involucrado en otro pleito legal en Florida. En esta ocasión, un vecino que vive en su mismo fraccionamiento lo acusa a él y a su esposa de montar una campaña de odio contra él, para obligarlo a mudarse de esa comunidad.

En particular, el Señor Perlmutter ha sido acusado de enviar 1,000 cartas difamatorias, anónimas, que afirman que el vecino en cuestión atacó sexualmente a una niña de 11 años a punta de cuchillo y asesinó a una pareja de la localidad.

A pesar de los múltiples intentos de su abogado para eliminar la demanda, el juez afirma que hay evidencias suficientes para proceder.

En el evento de Guerreros Heridos, Trump dijo las siguientes palabras sobre Perlmutter: "Hizo un trabajo increíble. Es uno de los grandes hombres de nuestro país en términos de negocios y talento".

Sheldon Adelson

Sheldon Gary Adelson es, de acuerdo con la revista *Forbes*, el 18avo hombre más rico del mundo con una fortuna estimada en 28 mil millones de dólares. A menudo recibe el nombre de "*magnate de los casinos*". Su apodo se deriva del hecho de que Adelson ha amasado su fortuna con sus empresas de juegos de azar. Su compañía, Las Vegas Sands Corporation, es la empresa más grande de casinos del mundo. Adelson posee casinos en todo el mundo, incluyendo el Venetian y el Palazzo en Las Vegas, así como hoteles en Macao y Singapur.

Una de sus radicales posturas políticas es que cree que deberían de lanzar una o dos bombas atómicas sobre Irán.

En un intento por eliminar a competidores potenciales, lanzó una coalición en 2013 para prohibir el juego de azar en línea, tras afirmar que dicha práctica "*es un peligro para la sociedad* y podría dañar el modelo de la industria tradicional".

En 2012, Adelson hizo historia al convertirse en el más grande donador de una campaña —supuestamente donó más de 100 millones de dólares a las arcas del Partido Republicano y a un comité de acción política Republicano en un intento fallido por negarle a Barack Obama la Casa Blanca.

A inicios de esa elección, Adelson tomó la decisión de dar la mayoría de sus donativos a organizaciones conservadoras sin fines de lucro que no revelaban a sus donadores. En ese tiempo, Adelson afirmó creer que el uso del término "magnate de casinos" que empleaban los medios cuando se referían a sus contribuciones, no ayudaba a las personas que él intentaba que fueran electas.

Se espera que, a medida que se aproxime la elección de 2016, abrirá una vez más su cartera para el Partido Republicano. Y con Donald Trump como el nominado Republicano esperado, Adelson será su principal patrocinador. Éste se reunió con Trump poco antes del debate de Las Vegas y anunció que lo apoyaría si ganaba la nominación republicana.

Unos meses antes y luego de lograr ir a la cabeza de las encuestas, Trump le envió a Adelson un pequeño libro grabado y personalizado que decía que Trump había sido honrado en la cena de gala Algemeiner Jewish 100 (Asociación judía) en febrero pasado "por su constante apoyo al pueblo judío y a Israel".

El grabado decía: "*Sheldon… ¡nadie será mejor amigo de Israel que yo!*" La prioridad política número uno de Adelson es el apoyo a Israel.

Aunque Trump ha declarado públicamente que no quiere el dinero de Adelson, *Politico Magazine* reporta que miembros de su campaña ya se han acercado a éste. Una fuente anónima cercana a Adelson le dijo a la revista que la campaña de Trump había hecho una "clara petición de dinero".

Roy Cohn

Roy Cohn fue abogado y mentor de Trump por varias décadas. En varias de sus biografías, se menciona que Cohn ejerció una influencia en Trump mayor que cualquier otra, a excepción de la de su padre, Fred.

Senador Joe McCarthy (izquerda) y su asesor Roy Cohn (derecha)

Cohn alcanzó fama como el ampliamente despreciado asesor principal del senador Joseph McCarthy en su incansable cacería de miembros subversivos del gobierno de Estados Unidos en la década de 1950.

Fue mejor conocido como el fiscal que acusó a los espías Julius y Ethel Rosenberg. En su biografía, Cohn presumió de que había sido él mismo el que convenció al juez Irving Kaufman (en conversaciones ilegales, fuera de la corte) de que le impusiera la pena de muerte a Ethel. Luego de su muerte, apareció evidencia de que Ethel no había estado involucrada en el espionaje y que solo había sido incluida en el caso por el fiscal como una forma de presión para su esposo.

Cohn se fanfarroneó sobre la *"gran amenaza"* de que comunistas extranjeros estaban chantajeando a los homosexuales de closet dentro del gobierno de Estados Unidos para que les revelaran secretos. Cohn fue responsable de que despidieran a montones de homosexuales del servicio público, lo que finalmente resultó en la orden ejecutiva 10450 del presidente Eisenhower, misma que le permitiría al gobierno negar trabajo a los homosexuales. Lo que Cohn olvidó mencionar fue que él mismo era homosexual y murió más tarde de SIDA.

Durante su cargo en Washington, Cohn llevó a cabo un firme programa para desmantelar la declaración de derechos humanos. Por ejemplo, en el tiempo de su cacería de brujas viajó por todo el mundo, visitó todas las librerías operadas por la agencia de información de Estados Unidos y quemó todos los libros con los que no estaba de acuerdo. También se deleitó exponiendo los antecedentes homosexuales de varios miembros del servicio exterior americano que él creía que lo habían despreciado.

Luego de la caída de McCarthy, Cohn se fue de Washington y se mudó a Nueva York en donde muy pronto se convirtió en un mediador político de clase mundial. En su carrera legal en Nueva York, era la personificación de todo tipo de corrupción. Era el abogado (y socio silencioso) del *Studio 54*, descrito como "quizá el club nocturno más glamoroso, creador de tendencias de moda que popularizó el uso de las drogas para los ejecutivos. La cocaína era la favorita". (Ver *Ciudadano Cohn* de Von Hoffman). Donald Trump se convirtió en cliente asiduo del *Studio 54* de Cohn y se conoce que asistió al menos a una de las fiestas salvajes que Cohn organizaba en la relativa privacía del sótano del club.

En la época en la que se conocieron (por 1970) Cohn era investigado tanto en Chicago (por irregularidades bancarias) y en Nueva York (por soborno y conspiración). Al final salió vencedor de ambos golpes.

Poco tiempo después de que Trump conociera a Cohn, el departamento de justicia presentó una demanda de derecho civil bajo la Fair Housing Act de 1969 (Acta de Vivienda Justa) en la que se acusaba a los proyectos propiedad de Trump por discriminación sexual y racial a la hora de rentar los apartamentos. Otros desarrolladores, (como Sam LeFrak) se enfrenaron a cargos similares. Pero las violaciones de derechos civiles presentadas contra Trump fueron de las más flagrantes y bien documentadas.

Como lo confirmaron cuatro superintendentes o administradores que trabajaban para Trump, todas las solicitudes de renta se clasificaban de acuerdo con la raza y se les pedía a los porteros de los edificios que desanimaran a los afroamericanos que querían rentar, diciéndoles que ya no había departamentos disponibles. Y aunque Trump estaba a cargo de todas las actividades de arrendamiento de la compañía, como estaba especificado en la licencia de bienes raíces que obtuvo ese mismo año, uno de sus empleados testificó que la política discriminatoria venía desde lo más alto de la Trump Organización; por parte de Fred, el padre de Donald. En otras palabras, la demanda se derivó de la ejecución de las políticas de Fred, por parte de Donald. (Ver la sección sobre Fred Trump y sus nexos con el KKK).

El departamento de justicia no buscaba un pleito. Estaban más que dispuestos a resolver los casos de manera rápida y fácil, así como lo habían hecho con LeFrak, quien solo tuvo que corregir sus métodos. No fue así con los Trump. Habían encontrado en Roy Cohn a un nuevo hermano del alma cuya política era la de no admitir nunca ninguna equivocación, sino pelear de vuelta. En colaboración con Cohn, su nuevo abogado, Los Trump contrademandaron al departamento de justicia por 100 millones de dolares alegando que ellos (los Trump) eran las verdaderas víctimas. Un mes más tarde, el juez lo llamó "una pérdida de tiempo y de papel" y lo descartó. El resultado de la contrademanda fue que se retrasó la resolución del asunto por parte del departamento de justicia, y luego de un año y medio, los Trump accedieron a llegar a un acuerdo. Por el decreto emitido por la corte, los Trump se vieron obligados a anunciar sus propiedades en periódicos dirigidos a las minorías, subir de puesto a sus empleados minoritarios y proporcionar una lista preferencial de propiedades a la Urban League (Liga Urbana). El departamento de justicia lo calificó como "uno de los acuerdos de mayor alcance jamás negociados". Cohn lo ridiculizó y dijo que se trataba de un "escupitajo en el océano". El abogado y los Trump lo llamaron una más de sus victorias y después de eso, Cohn se convirtió en un segundo padre para Donald.

La naturaleza de varios de los servicios legales que Cohn prestó a Trump está descrita en un extracto de un artículo de Wayne Barrett en el *Village Voice* en 1980, mientras escribía sobre un político llamado Ted Teah, que se unió al despacho legal de Cohn. Tea dejó el servicio público y se unió a Cohn solo algunos meses después de ayudarlo a obtener la aprobación de la City Planning Commision (Comisión de Planeación de la Ciudad) para un controversial plan para demoler el edificio Bonwit Teller y reemplazarlo por un complejo de departamentos de 58 pisos.

"Teah se convirtió en el segundo capo del Bronx, cuando se unió al líder del condado Stanley Friedman, mismo que se volvió inmediatamente socio de Cohn luego de terminar sus funciones como alcalde adjunto de Abe Beame a finales de 1977".

Barrett continúa explicando cómo, en los últimos días de la administración de Beame, Friedman impulsó una ley de 40 años para bajar 160 millones de dólares de impuestos al Commodore Hotel. El Alcalde adjunto Friedman tenía asegurado un puesto en el despacho de Cohn, y trabajaba a favor de Trump, el cliente favorito del despacho, cuando todavía estaba en el cargo público. Teah tan solo seguía los pasos de Friedman.

El libro *Citizen Cohn* documenta una serie de hechos pintorescos en los que Cohn tomó dinero para sobornar a funcionarios públicos y violó la confidencialidad abogado-cliente a favor de sus propios intereses.

Uno de los mejores casos es la estafa del estacionamiento New York por medio de la cual se hizo semanalmente de millones de dólares en efectivo, provenientes de media docena de estacionamientos manejados con gran corrupción.

En una ocasión, Cohn sentó a un anciano millonario, senil y casi comatoso, puso una pluma en su mano medio paralizada y lo hizo firmar documentos legales. (Este fue uno de los incidentes que finalmente lo llevó a que lo inhabilitaran como abogado).

Insistía en que todos sus negocios se manejaran en efectivo. Nunca pagó ni un centavo al IRS y murió con una deuda de 7 millones de dólares de impuestos.

En su biografía, Cohn presumía de haber asesorado a la mafia en campañas contra el senador Thomas Eagleton, férreo combatiente del crimen, entre otros.

También alardeaba sobre reuniones secretas con jueces que llevaban casos suyos, y la influencia que él ejercía sobre éstos para pronunciarse a favor de sus asuntos. Solía decir, "no me digas que dice la ley, dime quién es el juez".

Su mayor pecado fue su relación con el crimen organizado de Nueva York.

Cohn fue el abogado defensor favorito de los mafiosos acusados. Su lista (sin duda incompleta) de clientes del bajo mundo famosos incluye:

- Arthur Valentine (acusado de sobornar al alcalde de Fort Lee, Nueva Jersey).
- Frank Cocchiaro, ayudante de Sam "El Plomero" de Cavalcante, cabeza de la familia criminal de Nueva Jersey y miembro de la Comisión. Cavalcante pasó su vida envuelto en juego, extorsión, homicidio, actividades criminales y fue encontrado culpable en una corte federal de manejar una operación ilegal de juego de azar de 20 millones de dólares anuales, además de controlar en 90% de las librerías de pornografía de la ciudad de Nueva York.
- Carmine Galante, alguna vez matón de Vito Genovese, de la familia criminal Luciano, y que más tarde se convertiría en cabeza de la familia criminal Bonnano. La policía creía que Galante era responsable de más de 80 homicidios, incluido el del jefe de policía de Nueva York y encabezaba

la mayor parte del tráfico ilegal de narcóticos en la ciudad. Cohn negocio una reducción en la sentencia de Galante luego de que el mafioso fuera sentenciado por extorsión y préstamos fraudulentos. "Fish" Cafaro, capitán de la familia Genovese, pagó los 175,000 dólares que Cohn requirió, y éste se encargó de pagar los sobornos. La reducción de la sentencia no fue de gran ayuda para Galante ya que poco después de salir de prisión, fue asesinado al terminar su almuerzo en un restaurante italiano del Brooklyn.

- El Gordo Tony Salerno se convirtió en el segundo al mando de la familia criminal Genovese. Salerno manejaba la mayor casa de apuestas de Nueva York, con una ganancia de 50 millones de dólares anuales. En una ocasión, Cohn consiguió que le redujeran a Salerno una sentencia a solo 6 meses, cuando hizo que el Gordo Tony apareciera en la corte en silla de ruedas para convencer al juez de que su cliente era un hombre muy enfermo. En cuanto a los cargos de Salerno por evasión de impuestos, Cohn explicó "mi cliente no es un mafioso, es solo un apostador de deportes".

- Nicholas Rattenni, supuesto ejecutivo de la mafia del condado de Westchester.

- Thomas y Joseph Gambino, hijos de Carlo Gambino, cabeza de la familia criminal del mismo nombre.

- John Joseph Gotti, Jr. quien se convirtió en cabeza de la familia criminal Gambino cuando mandó matar a su jefe, Paul Castellano y al segundo al mando.

- Robert Hopkins, un socio de la familia criminal Lucchese, que fue arrestado en su suite de la Trump Tower por ordenar el asesinato de un competidor de juego. Y mientras que el cargo por homicidio fue anulado, Hopkins fue acusado por manejar una de las mayores operaciones ilegales de juego de azar de Nueva York —que ganaba 500

mil dólares a la semana. Operaba una empresa que tenía más de cien establecimientos por toda la ciudad.
- Joe Weichselbaum, piloto de helicóptero de Trump y traficante de cocaína convicto.
- "Joe Beck" DePalermo, contacto de Weichselbaum en el tráfico de drogas y uno de los principales miembros de la familia criminal Lucchese. Era considerado por las autoridades de Nueva York como el "decano de los traficantes de drogas".

Fuentes de las fuerzas federales de ataque reportaron que, en 1970, cuando las grabaciones se convirtieron en un problema para los criminales violentos, unos miembros de la Comisión de la mafia usaban las oficinas de Cohn como lugar de reunión, ya que las conversaciones dentro de las oficinas de un abogado eran consideradas información privilegiada y no son admisibles como evidencia. También era sabido que Cohn era el anfitrión de varias reuniones de la propia Comisión —en las que se reunían las cabezas de las cinco familias del crimen de Nueva York— en su casa de la calle 64.

¿Qué tan cercanos eran Donald Trump y Roy Cohn? Durante mucho tiempo su abogado principal, Cohn le contó a un reportero que Trump lo llamaba "quince o veinte veces al día para preguntarle sobre diversos asuntos"*.

En 1985, un panel integrado por cinco jueces de la Suprema Corte del estado de Nueva York le retiró la licencia a Cohn por su conducta poco ética y poco profesional, lo que incluía haber robado $219,000 dólares de la cuenta de uno de sus clientes y haber intentado hacer firmar unos documentos legales a un millonario comatoso y paralítico (el magnate de licores Lewis Rosenstiel), sentándolo en la cama y poniéndole una pluma en la mano. La

* Barrett, p. 256

mano no se movía, pero cuando Rosenstiel murió seis semanas más tarde, Cohn presentó los documentos tachonados con unas marcas que él juró que eran la firma del millonario. Los documentos dejaban el control total de la jugosa fortuna de Rosenstiel a Cohn. La trampa de Cohn salió a la luz cuando el personal del hospital atestiguó que Rosenstiel estaba en coma.

Trump fue testigo ante el panel de ética que inhabilitó a Cohn y testificó que Cohn era un "buen hombre".

El 1 de marzo de 1986, cuando Cohn estaba muy enfermo y se debilitaba rápidamente, Trump le hizo una fiesta de despedida en su mansión en Florida. Era el momento de decirle adiós y agradecerle por todos los contactos y relaciones que eran tan importantes para su carrera.

Cinco meses más tarde Roy Cohn murió de SIDA y Donald asistió a su funeral.

En su libro, *Art of the Deal*, Trump explica por qué Cohn fue el "hombre adecuado" para llevar sus asuntos. "Era un gran abogado… cuando estaba preparado, era casi invencible… Qué más podría decirse de Roy, era muy fuerte… después de su lealtad, la fuerza era lo más importante del mundo para él… Y no me avergüenza decir que yo fui uno de sus amigos".

¿Recuerdan la cita de la Biblia acerca de ser igual que las personas con las que nos relacionamos?

Roger Stone

Roger Stone es un autoproclamado "sicario del Partido Republicano" que ha desempeñado un papel fundamental en algunos de los más infames escándalos políticos de nuestra generación. Ha sido amigo de Trump durante casi 30 años, y asesor político sénior durante la mitad de ese tiempo, además de que sigue siendo uno de sus más apasionados partidarios en la prensa.

En la foto se le ve en un desfile de "Orgullo" junto con la modelo de *kinky fitness* (acondicionamiento físico perverso) Kat ForTra, quien le está dando una lamida. Stone empezó como protegido de Roy Cohn. (Ver la sección anterior.)

La carrera política de Stone inició en serio cuando trabajó para la campaña presidencial de Richard Nixon, y en la que se hizo famoso por desacreditar a uno de sus rivales potenciales.

Hizo una contribución para la campaña de dicho rival a nombre de la Young Socialist Alliance (Alianza Socialista), y luego le pasó el recibo a un periódico. Cuando Nixon ganó la elección en 1972, Stone ocupó un cargo en su administración. Fue miembro del "Committee to Re-elect the President" (Comité para Reelegir al Presidente), la organización para recabar fondos que se dedicaba al lavado de dinero y que planeó y ejecutó la tristemente célebre incursión del Watergate. Esto terminó costándole la Casa Blanca a Richard Nixon y, a Stone, su propio trabajo.

Luego de la prescripción de algunas leyes, Stone supuestamente admitió haber contribuido para comprar el triunfo de Ronald Reagan en la elección presidencial de 1980. Reagan se postulaba contra Jimmy Carter y, para poder ganar la elección, tenía que ganar en Nueva York. Eso era considerado poco probable para un Republicano, a menos de que alguien encontrara la manera de dividir a los votantes Demócratas. Roy Cohn, el mentor de Stone, tuvo la idea de lanzar a John Anderson como candidato del Partido Liberal para dividir a los votantes en Nueva York, y encontró a las personas adecuadas que podían arreglarlo por solo 125,000 dólares. Supuestamente Cohn consiguió los fondos y Stone hizo el pago. ¿El resultado? La victoria de Reagan en Nueva York le permitió ganar la presidencia.

Stone también estuvo presente encabezando el "Brooks Brothers Riot", en el que cientos de operativos Republicanos pagados fueron a Florida a protestar para que el estado contara nuevamente los votos impugnados en la elección presidencial del 2000. La protesta que tuvo lugar frente a las oficinas del supervisor de elecciones del condado de Miami-Dade se tornó violenta cuando varias personas fueron pisoteadas, golpeadas y pateadas por los manifestantes republicanos que corrían para entrar al lugar. Al parecer Stone estaba afuera en una camioneta y dirigía la actividad por radio. Aunque los ayudantes del comisario restablecieron el orden, el comité de supervisión votó unánimemente para detener el recuento. Algunos aseguran que ese hecho (junto con otros) hizo que Bush se robara la elección a favor de los republicanos. Lo que es cierto es que varios de los manifestantes, incluido Stone, fueron identificados más adelante como miembros del gabinete de la administración Bush.

Stone eligió como su recompensa a la "industria del juegos de azar". A días de la elección de Bush, Stone fue invitado para colaborar en el grupo de transición del departamento del interior para, en sus propias palabras, formar el Bureau of Indian Affairs (BIA) (Buró de Asuntos Indios).

El *Village Voice* reportó que Stone utilizó el cargo para promoverse entre las tribus y los desarrolladores desde Luisiana hasta California, y ganó cuantiosas sumas y porcentajes contingentes de los ingresos de casinos futuros. Dos de los cinco negocios investigados por el *Village Voice* en aquel tiempo debieron pagarle al menos 8 millones y quizá hasta 13 millones de dólares.

En enero de 2008, Stone fundó la organización Citizens United Not Timid, un grupo opositor a Hillary Clinton y cuyo acrónimo en inglés tiene un significado intencionalmente obsceno.

En 2010 en un infructuoso intento por derrotar a los demócratas en la campaña de la elección gubernamental de Nueva York, Stone manejó la campaña de Kristin Davis, criminal convicta mejor conocida como la "Madame de Manhattan" y dueña de un local de prostitución de alto nivel en la ciudad de Nueva York. Como jefe de campaña, Stone convirtió la legalización de la prostitución en uno de los ejes principales de la campaña de Davis.

Además, en 2010, Scot Rothstein, abogado de Fort Lauderdale y socio de Stone en un despacho de consultoría de dos personas (RRA Consulting LLC), se declaró culpable de haber robado mil doscientos millones de dólares y fue sentenciado a 50 años en prisión. Stone negó haber estado involucrado. "Stone es el hombre que nadie quiere admitir que está relacionado con él", declaró Rothstein más tarde al *New Times* de Broward, Palm Beach. "Roger es un tipo que mantenemos encerrado en su oficina y de vez en cuando le echamos comida por debajo de la puerta para alimentarlo. Pero cuando algo pasa y alguien necesita ayuda, le abrimos la puerta. Lo dejamos salir y él hace lo que sabe hacer".

Más adelante Rothstein se convirtió en informante de gobierno federal y ayudó al FBI a atrapar a algunos criminales de la mafia.

Como ya lo había mencionado, Stone ha sido asesor y amigo de Trump por 30 años. Cuando Trump era dueño de casinos en Atlantic City, Stone manejó exitosamente la campaña para gobernador del Republicano Thomas Keane, y luego fungió como asesor extraoficial del gobernador electo, al tiempo que cabildeaba en Washington a favor de Trump.

Stone alentó a Trump para que se postulara como presidente en las elecciones de 2012 y 2016. Era el principal asesor político de Trump hasta que dejó su campaña en el verano de 2015, algunos dicen que debido a una diferencia de opiniones, pero otros aseguran que fue para formar un comité de acción política para impulsar la campaña de Trump. De hecho, Stone sí formó dicho comité y se llama Committee to Restore America´s Greatness (Comité para Restablecer la Grandeza de América) y continúa siendo el defensor más apasionado de Trump en los medios.

Como parte de sus nuevas actividades dentro del Comité de Acción Política, Stone rápidamente lanzó dos libros. El primero, *The Clintons' War on Women*, que describe a Bill Clinton como un violador en serie y a Hillary como su facilitadora. El segundo, lanzado en febrero de 2016, llamado *Jeb! and the Bush Crime Family*, que fue un intento por eliminar a Jeb de la elección primaria Republicana. En este libro, Stone sugiere que George H.W. Bush estaba detrás del intento de asesinato de Ronald Reagan. En una entrevista posterior al lanzamiento del libro, dijo que el atentado contra la vida de Reagan fue *"muy parecido al asesinato de Kennedy… nunca subestimes la capacidad que tiene la familia Bush para hacer el mal, al mismo tiempo que continúan inmersos en la idea de que tienen integridad. Ya sea Prescott Bush, patriarca y senador de Connecticut, George H. W. Bush, Jeb Bush, Neil Bush y Marvin Bush, serían capaces de robarse una estufa caliente".*

En la misma entrevista, Stone aclaró sus puntos de vista sobre el respeto: *"Mis padres siempre me lo inculcaron. Crecí con la idea de que se debe tratar bien a todo el mundo. Pobres o millonarios. A todos con respeto. Nunca trataría mal a un portero, a un mesero, a una mesera o a una azafata…"* Eso fue la misma semana que fue vetado de la cadena CNN por comentarios racistas y sexistas.

Stone anunció que organizaría protestas en Cleveland este verano en la convención Republicana para interrumpir cualquier esfuerzo del partido por robarle la nominación a Trump, en caso de que éste no la consiguiera.*

* Publicado por buzzfeed.com.

Lo cual sugiere que los "disturbios espontáneos" anunciados por Trump no eran tan espontáneos después de todo.

¿Qué puede aportarle a una campaña una persona como Roger Stone?

John Staluppi

John Staluppi es otro malhechor amigo de Trump. Era miembro de la familia criminal Colombo cuando tenía un negocio de helicópteros que le daba servicio a Trump cada vez que éste quería llevar a clientes importantes a sus casinos de Atlantic City. En el momento en que Staluppi comenzó a hacer negocios con Trump, era sujeto a una serie de investigaciones policiales, incluida una operación encubierta llevada a cabo por el procurador de Long Island, quien exploraba sus nexos con los líderes de la familia criminal Colombo. Esa investigación documentó reuniones y contactos sociales con Carmine "La serpiente" Persico, cabeza de la familia criminal.

Los documentos de la corte indican que los helicópteros de Staluppi en ocasiones eran utilizados para asuntos de la mafia.

Otros documentos de la corte señalan que los tres casinos de Atlantic City de Trump le dieron adelantos a Staluppi por 750,000 dólares en créditos, además de 199,000 dólares para servicios diversos entre 1986 y 1993.

Bill Bastone de *The Smoking Gun*, descubrió que otra de las empresas de Staluppi era Dillinger Coach Works, la compañía que construyó las Limusinas Golden Series y Executive Series de Trump. Dillinger Coach Works, llamada así en honor al gánster de 1920 del mismo nombre, era una empresa de Nueva York dirigida por los socios John Staluppi y Jack Schwartz. Ambos eran criminales convictos en el tiempo en que construían las limusinas de Trump. El expediente de Staluppi incluía una condena de principios de los 70's por robo de autopartes, mientras que en 1976 un juez federal encontró culpable de extorsión a Schwartz.

Trump agradeció públicamente a Staluppi cuando fueron develadas sus limusinas en un evento en Atlantic City, pero los dos socios (Staluppi y Schwartz) se mantuvieron lejos de los reflectores. Enviaron a un subordinado, al que llamaron 'presidente de la compañía', para que subiera al escenario y apareciera con Trump y un representante de General Motors, para aceptar el agradecimiento. Años después, Schwartz, el socio de Staluppi, recordó aquella ocasión y admitió que el subordinado era "presidente solo en el nombre". Solo había sido enviado en representación de la compañía, para subir al escenario, debido a los "desafortunados" enredos criminales en que estaban envueltos los jefes de la empresa.

Schwartz tenía conocimiento de las relaciones de Staluppi con la mafia, y en cuanto a él mismo, en el libro que escribió, se refirió a Joseph Profaci, ex jefe de la familia criminal Colombo, como su "padre sustituto", y llamó a Henry "Chubby" Bono, sicario de la familia criminal Bonnano, un "amigo querido" al que consideraba parte de su familia.

La condena previa de Schwartz por extorsión fue el resultado de sus intentos por cobrarle dinero a un deudor. Cuando fallaron sus propios intentos, enfurecido, contactó a unos amigos de su vida pasada, a través de Profaci, para que fueran a "hacerle una visita (al deudor)".

Schwartz garantiza a sus lectores que "pidió claramente que no se utilizara la violencia". Por lo tanto, La víctima solo fue amenazada por sus amigos, antes de que le prendieran fuego a su garaje y a su auto.

De acuerdo con reportes del FBI, Staluppi mantiene sus nexos con numerosos miembros de la familia criminal Colombo y se dice que él mismo se ha "hecho" miembro de dicha familia.*

Aparentemente sus intereses comerciales lo han convertido en una de las personas más acaudaladas del crimen organizado. Un reporte publicado estimó su fortuna neta en 400 millones de dólares, que incluyen 32 concesionarias automotrices, un rancho en Colorado valuado en 28.95 millones, una mansión en Palm Beach Garden, un yate hecho a la medida que le costó varias decenas de millones de dólares y varias propiedades en Nueva York y en Florida que incluyen, al menos, un club de bailarinas nudistas.

Además de mantener nexos con la familia criminal Colombo, Staluppi también ha mantenido su relación con Trump. Su residencia principal está a tan solo unos minutos hacia el norte de Mar-a-Lago, la propiedad de Trump en Palm Beach, y Staluppi ha ido cuando menos esa vez, en noviembre de 2009, cuando ambos aparecieron juntos en el escenario en una cena de caridad cuyo tema era *James Bond*.

¿No resulta obvio que un presidente de Estados Unidos que mantiene vínculos con semejantes personas está poniendo en riesgo potencial, no solo su propia seguridad, sino también la del país?

Joseph Weichselbaum

Joseph Weichselbaum es un traficante de cocaína convicto cuya compañía de helicópteros era otra de las que prestaba servicio a los casinos de Atlantic City de Trump. Antes de que empezara a transportar a los

---

* Un hombre que se ha "hecho" miembro de una familia (de la mafia), es alguien que ha pasado el ritual de iniciación de la mafia. Se presume que a menudo esto incluye cometer un asesinato.

clientes importantes a los casinos, había sido acusado en dos ocasiones —en 1965 por robo mayor y en 1979 por malversación.

También era parte de una pandilla que traficaba cocaína y marihuana desde Florida a Ohio y a Kentucky en 1981 y las autoridades federales eventualmente lo procesaron por ello. Se creía que el hombre detrás de la operación era "Joe Beck" DePalermo, líder de la familia criminal Lucchese. Según agentes federales, Weichselbaum compraba cocaína por kilos a Francisco y Walter Ramírez, dos hermanos colombianos, que operaban fuera de Miami, y luego llevaba las drogas a sus clientes. Unos investigadores también recopilaron evidencia de que, además de la cocaína, también traficaba miles de kilos de marihuana, algunos de ellos a Nueva York.

Weichselbaum fue procesado en 1985, se declaró culpable por 2 cargos de tráfico de drogas y fue sentenciado. Antes de ser vetado de Atlantic City por sus nexos con la mafia, recibía 2 millones anuales por parte de Trump por sus servicios de helicópteros.

En los procesos de la corte se reveló que Weichselbaum también era adicto a la cocaína.

Sus vínculos con el crimen organizado también fueron investigados por autoridades federales y estatales. Un traficante de marihuana condenado, asoció a Weichselbaum con Daniel "Gordo Danny" Laratro, un socio de la mafia que manejaba un depósito de chatarra en Pompano Beach, cuando no estaba traficando grandes cantidades de marihuana. Los investigadores también descubrieron que era amigo de "Joey Ip" Ippolito, otro traficante de narcóticos conectado con la mafia.

Al momento de su sentencia, en 1986, Trump le dio una carta de recomendación que Weichselbaum entregó al juez. En ella, Donald Trump lo alababa y se refería a él como un hombre "escrupuloso, directo, diligente en sus negocios y un miembro honorario de la comunidad".

Cuando Trump escribió la carta, Weichselbaum ya había sido sentenciado en dos ocasiones, una por robo de autos y otra por malversación por más de $130,000 dólares a una compañía de Brooklyn.

Antes de entrar a prisión, Weichselbaum rentaba un departamento que era propiedad de Trump, en el edificio Trump Plaza, en la Calle 61 Este.

Un año más tarde, la novia de Weichselbaum compró los departamentos 49A y 49B en la Trump Tower, con 2.35 millones de dólares, mismos que ella alegó que eran suyos. En cuanto salió de prisión, Weichselbaum se mudó a esos departamentos con ella. Por esa misma época, le dijo a su oficial de libertad condicional que tenía la intención de convertirse en el asesor de helicópteros de Donald Trump.

En 1994 terminó su residencia en la Trump Tower cuando un banco de California embargó a su novia por una deuda de 1.7 millones de dólares de una hipoteca.

Salvatore Testa

Salvatore Testa (1956-1984), hijo del jefe de la mafia de Filadelfia, Philip "Chicken Man" Testa, era apodado "el príncipe coronado de la mafia de Filadelfia". Luego de que su padre fuera asesinado y reemplazado por Nicky Scarfo, Salvatore se convirtió en el principal sicario de la familia criminal de Filadelfia y era considerado como "hijo" de Scarfo. Era una estrella de la mafia en ascenso hasta que fue asesinado por órdenes del propio Nicky. (Ver la sección sobre Scarfo).

Testa se dedicaba al tráfico de drogas, a la extorsión y a la usura, pero su actividad principal era el asesinato. Se sabe que cometió más de 15 homicidios. Sus socios aseguran que "no le importaba a quién mataba".

En marzo de 1981, cuando Testa tenía veinticinco años, su padre, Phil, el entonces jefe de la familia criminal, fue asesinado por una bomba de clavos con seis cartuchos de TNT que fue detonada a distancia, mientras abría la puerta de su casa. Éste le dejó una herencia valuada en 800,000 dólares que incluía un viejo bar en Ducktown, Atlantic City, en un terreno en el que Donald Trump decidió construir el Trump Plaza, en el número 2500 de *Boardwalk* (el malecón).

Trump pagó 1.1 millones de dólares a Testa —dos veces su valor de mercado— por el derecho de demoler el bar. (Ver Barrett).

En abril de 1984, Testa apareció en primera página del *Wall Street Journal* en un artículo que lo describía como "la estrella de más rápido ascenso" de la organización Scarfo. Aparentemente, Scarfo estaba celoso y preocupado de que Salvatore se estuviera volviendo demasiado poderoso dentro de la familia, por lo cual ordenó su ejecución.

Luego de varios intentos fallidos, Salvatore finalmente fue acorralado y asesinado a balazos en una dulcería en el sur de Filadelfia en 1984.

El alcalde Michael Matthews

Michael Matthews se convirtió en alcalde de Atlantic City en el momento preciso en el que Trump hacía allí sus primeras movidas. Matthews solo duró 21 meses antes de ser acusado por robo y extorsión y condenado a 15 años en prisión. La foto lo muestra esposado mientras salía

escoltado de la corte federal. "La ambición se apoderó de mí," dicen que decía camino a la cárcel por venderse a la mafia. No solo fue ambición. Tenía una esposa, seis hijos y una novia muy joven, rubia y reina de belleza que mantener.

Antes de ser alcalde, era uno de los cinco comisionados de la ciudad. Y cuando hizo pública su intención de postularse como alcalde, Trump lo llevó a sus oficinas en Nueva York para conocerlo. Como se describe en otra sección, supuestamente Trump habló sobre la posibilidad de apoyar su campaña con un donativo en efectivo, aunque esto fuera ilegal debido a la solicitud de una licencia para casinos que había presentado en ese momento. Finalmente las aportaciones fueron hechas por Kenny Shapiro, otro mafioso relacionado con Trump. (Ver la sección sobre Kenny Shapiro).

Luego Matthews se convirtió en ferviente seguidor de Trump y consintió sus demandas para cambios en el diseño y control de una calle de la ciudad y otras concesiones para su casino.

Matthews ganó la elección de la alcaldía en julio de 1982, por un escaso margen de 359 votos. Esta fue muy impugnada por varios motivos, incluida la evidencia de que unos colaboradores de su campaña usaron a los pacientes del hospital siquiátrico Ancora State Hospital para emitir votos de ausencia.

Matthews se las arregló para sortear las dificultades legales durante 21 meses hasta que fue acusado y removido del cargo. Antes de que fuera removido, Kenny Shapiro se reunía con él casi todas las semanas. Donald Trump y su hermano, Robert, también eran visitantes frecuentes y discutían varios asuntos relacionados con el lugar del Trump Plaza. (Ver la sección sobre Kenny Shapiro).

En 1983, Matthews sostuvo al menos una reunión en su oficina con Shapiro, Sullivan y los hermanos Trump sobre el tema del estacionamiento del Trump Plaza y, poco después (en julio), todos asistieron a una junta pública para defenderlo contra la oposición de algunos grupos de vecinos.

Matthews cuenta que cuando fue ingresado a un hospital de Nueva Jersey por problemas de espalda, Donald lo cambió a un hospital de especialidad en la ciudad de Nueva York, en donde él y su hermano lo visitaban.

Aparentemente Matthews se hacía de la vista gorda ante las acciones de sus principales defensores Scarfo y Phillip "Crazy Phil" (Phil el loco) Lynette, además de que juntos estafaban a otros y se dedicaban a extorsionar a funcionarios de la ciudad.

El abogado de los Estados Unidos, W. Hunt Dumont informó que Matthews estaba acusado de mantener estrechos lazos con "Little Nicky" Scarfo, que venían desde antes de que fuera alcalde. Scarfo, cabeza de la familia criminal de Filadelfia, controlaba el crimen organizado en el sur de Jersey y tiene una sección dedicada a él en este libro. (Ver la sección sobre Nicky Scarfo).

El acalde Matthews fue acusado de intento de extorsión a dos hombres de negocios por 668,000 dólares, en una operación orquestada por el FBI, así como de aceptar sobornos por 14,000 dólares de un agente encubierto de la misma agencia, que se hizo pasar por representante de unas compañías. Matthews se declaró culpable del cargo de extorsión el 27 de noviembre de 1984, cuatro semanas después de que el juicio iniciara. También admitió haber aceptado un soborno de 10,000 dólares de un agente del FBI que se hizo pasar por otro hombre de negocios que buscaba su ayuda para comprar, en términos favorables, un terreno propiedad de la ciudad, en una zona apta para casinos. A cambio de lo anterior, el gobierno retiró siete cargos más por extorsión, robo y conspiración, y uno que declaraba que Matthews había conspirado con personajes del crimen organizado para que se beneficiaran de su cargo público a cambio de financiar su campaña.

En 1985 fue sentenciado a 15 años en una prisión federal y obtuvo su libertad condicional en junio de 1990.

George H. Ross

Aquellos que hayan visto el programa de televisión "El Aprendiz", seguramente reconocerán a George Ross, el juez paternal, con acento de Brooklyn que está sentado a la derecha de Trump, y que le ofrece información y consejos. Ross es mucho más que un personaje de T.V. Ha sido la mano derecha de Trump y su confidente número uno por los últimos 40 años. Como vicepresidente ejecutivo y principal asesor de Donald Trump, ha hecho más negocios inmobiliarios con él que ninguna otra persona.

Ross ayudó a Trump a reunir todo lo necesario para las locaciones de la Trump Tower original y el Grand Hyatt.

Estudió leyes en 1953 en el Brooklyn College. Inmediatamente después de su graduación comenzó a trabajar para el bufete legal de bienes raíces de Brooklyn, *Dreyer & Traub*, en el departamento de litigio. Ross trabajó allí más de 20 años, que se interrumpieron por un cargo de diez años que ocupó como Consejero General para el bufete inmobiliaria *Goldman & Dilorenzo*. Cuando se convirtió en consejero general del mismo, éste tenía 18 propiedades. Al momento que se fue, el número de propiedades había crecido a 720. Ross supervisó todas las adquisiciones y las cuestiones legales.

En cuanto a *Dreyer & Traub*, llevaba ya más de una década como socio mayoritario al momento en que dejó el bufete por segunda vez en 1986.

¿Y cuál es las historia de esos despachos? Debido a que fueron los lugares en los que se formó el vice presidente ejecutivo de Trump, revisaremos rápidamente sus oscuras historias.

Goldman & DiLorenzo

Sol Goldman (en la foto) y Alex DiLorenzo crecieron en la pobreza en Nueva York. Para mediados de 1970, se habían convertido en los principales terratenientes privados de la ciudad.

A Sol le gustaba contarle a sus hijos que al principio había hecho su dinero "recorriendo el vecindario y tomando 50 dólares de éste y 50 más de aquel".

De acuerdo con Frank Hogan, el fiscal de distrito de Nueva York, en una entrevista con el *Village Voice*, la verdad es un poco distinta. Cuando Hogan intentó buscar la fuente de sus ingresos, ellos "aseguraron que empezaron en el negocio de los bienes raíces un día de suerte, cuando una mujer negra, que se dedicaba al trabajo doméstico, llamada Lulu Jackson, entró a su oficina con 250,000 dólares en efectivo y les pidió a Goldman y a DiLorenzo que invirtieran su dinero. Ellos aseguran que no volvieron a verla jamás". Hogan aclaró que "los investigadores de las autoridades creen que Goldman y DiLorenzo sacaron el dinero de alguna otra parte".

Según un artículo del Village Voice publicado en 1973, *Goldman & DiLorenzo* "eran dueños de 355 propiedades, tan solo en Manhattan, incluidas una docena de librerías de pornografía, cines, negocios de masajes y varios edificios de lujosos apartamentos habitados por proxenetas, traficantes (de drogas) y prostitutas". El artículo continuaba repitiendo la creencia, ampliamente extendida, de que el bufete tenía contactos con la mafia; por citar un ejemplo, habían contratado a una compañía de consultoría laboral llamada *SGS Associates* para terminar por la fuerza con una huelga de empleados en el edificio Chrysler. Carlo Gambino, el mayor jefe criminal de Nueva York era dueño de SGS Associates.

Otra propiedad de *Goldman & DiLorenzo* saltó de pronto a los reflectores cuando un hombre llamado Louis Katz, operador de un bar de homosexuales controlado por la mafia y ubicado en el edificio, causara conmoción entre los residentes locales, ya que usó su amistad con Roy Cohn para servirse de sus influencias políticas y conseguir una licencia para abrir allí un cabaret.

Para 1975, Las propiedades de *Goldman & DiLorenzo* se extendían por todo Estados Unidos, pero tan solo aquellas ubicadas en el distrito de Manhattan, en la ciudad de Nueva York, estaban valuadas en cerca de mil millones de dólares.

El bufete era famoso por tres características principales:

La primera, como se mencionó anteriormente, eran sus propiedades en las que se ubicaban un gran número de bares de homosexuales, librerías de pornografía, lugares de masajes, proxenetas y prostitutas, todos ellos relacionados con la mafia. En aquellos días, ésta controlaba todos los negocios de Nueva York que se dedicaban a esos giros.

La segunda era el gran esfuerzo que hacía el bufete por evitar publicidad. En 1971, el artista internacionalmente aclamado, Hans Haacke, tuvo una exposición en el Museo Guggenheim de Nueva York. Este era un activista social y, entre las obras que iban a ser presentadas, estaba una que representaba un mapa de Manhattan en el que aparecían fotografías enmarcadas de las fachadas de cada uno de los edificios de *Goldman & DiLorenzo*, y nombraba las 19 corporaciones ficticias que los operaban. La idea de que su sórdida cartera fuera mostrada públicamente aparentemente no gustó a los socios, ya que los administradores del museo Guggenheim empezaron a recibir amenazas de una fuente desconocida. Haacke fue informado que tenía que eliminar esa pieza en particular. Cuando el artista se rehusó, el director del museo canceló la exposición solo unas semanas antes de la fecha prevista para su inauguración. Cuando Edward F. Fry, curador del museo, protestó públicamente por dicha acción, fue despedido de inmediato.

La tercer característica del despacho era su proclividad hacia conservar todo lo que adquiría. Goldman y DiLorenzo adquirían inmuebles y luego simplemente los conservaban e incrementaban así su siempre creciente cartera de propiedades en Nueva York.

De la mano con ésta política estaba la dudosa reputación que los socios se habían ganado como terratenientes. Habían sido acusados de emplear matones para intimidar inquilinos y, como se describe más arriba, contrataron también a una empresa, propiedad de Carlo Gambino, para terminar con una huelga de trabajadores de la construcción en el edificio Chrysler. Goldman y DiLorenzo fueron acusados adicionalmente por delitos relacionados con impuestos, así como varias violaciones a los códigos de construcción que, al menos en un caso, tuvo un resultado fatal.

Una de sus propiedades más importantes era el edificio Chrysler. Cuando fue completado, en 1930, era el edificio más alto del mundo hasta que el *Empire State* lo superó. *Goldman & DiLorenzo* lo compró en 1957 por 42 millones de dólares. Visitantes y residentes por igual quedaban encantados con el estilo *art deco* del edificio que llevaba casi medio siglo y estaba ubicado en la esquina de la calle 42 y la Av. Lexington, en la ciudad de Nueva York. Pero el 6 de septiembre de 1975, Alex DiLorenzo Jr. no estaba tan encantado. Unos días antes había fallado en el pago de 12.7 millones de dólares de la segunda hipoteca que tenía sobre el edificio Chrysler. Cuando iniciaron los procedimientos para el embargo, a principios de ese año, DiLorenzo no actuó con rapidez y el acreedor (*Massachusetts Mutual Life Insurance*) no perdió ni un segundo antes de desalojarlos de la propiedad.

Y allí mismo, en su oficina en el edificio Chrysler, menos de una semana después de que el banco se quedara con la propiedad, Alex murió "súbitamente" en circunstancias misteriosas ya que, de acuerdo con algunos gozaba de buena salud. El terrateniente más rico de Nueva York falleció a los 58 años, víctima de lo que fuera reportado como un "ataque al corazón". Su obituario no decía nada más y Sol Goldman continuó con sus actividades inmobiliarias sin perder ni una oportunidad de adquirir más propiedades. Al momento de su muerte en 1987, La fortuna de Sol estaba valuada en 6 mil millones de dólares.

George Ross pasó la década de los 60's como abogado principal del bufete y ya no colaboraba allí al momento de la muerte de DiLorenzo.

Dreyer & Traub

"Dreyer and Traub es uno de los mejores bufetes inmobiliarios del país".

—Donald Trump

El bufete *Dreyer & Traub* ubicado en el número 16 de la calle *Court Street*, en Brooklyn, Nueva York, fue durante décadas el centro de los bienes raíces del distrito.

El socio mayoritario, Alfonso Dreyer, falleció antes de que los subsidios de vivienda de la Federal Housing Administration (Administración Federal de Vivienda) o FHA para los clientes impulsaran muchísimo las ventas de la compañía. Fue Abe Traub, su socio, quien convirtió al bufete en una superpotencia.

Para mediados de 1954 quedó muy claro cómo lo hizo (Ver Blair: *The Trumps*, p. 183-186).

El presidente (y ex general) Dwight D. Eisenhower se puso furioso cuando se enteró de que algunos desarrolladores inmobiliarios sacaron grandes sumas de dinero del gobierno que se suponía estaba destinado a proporcionar viviendas accesibles a los veteranos que volvían a casa. Estas ganancias estaban muy por encima de lo que especificaban los lineamientos del programa de la FHA y era seguro que había sobornos de por medio. Lo primero que hizo Eisenhower fue llamar al comisionado de la FHA, Guy Hollyday. Luego llamó a sus oficinas a Bill McKenna, abogado de la Universidad de Yale y veterano de la II Guerra Mundial, y que había enfrentado a Jimmy Hoffa, cuando trabajaba para el *House Joint Committee* (Comisión del Congreso) sobre actividades criminales. Eisenhower dio plena autoridad a McKenna para investigar la situación y llegar al fondo del asunto.

Una de las primeras cosas que McKenna descubrió fue el efecto de una modificación en las regulaciones de la FHA que permitía que los desarrolladores calcularan sus costos en términos de unidades de vivienda, en vez de por número de habitaciones. Este cambio permitió a Fred Trump (entre otros) incrementar sustancialmente sus ganancias al producir viviendas de una habitación y obtener la misma ganancia que obtenía por las de 3 y 4 habitaciones que construía anteriormente.

Los arquitectos de la FHA se quejaron de que dichas viviendas más pequeñas no eran suficientes para las familias de los veteranos, pero sus quejas fueron ignoradas. Los constructores estaban fascinados de obtener la máxima ganancia proyectada para una vivienda de 4 habitaciones, mientras que en realidad construían viviendas mucho más chicas y menos costosas. Los constructores no eran mal-agradecidos. Los empleados de la FHA recibían muchísimos regalos. Varios televisores y cajas de whisky llegaban a las oficinas de la asociación y los aseguradores recibían mordidas.

McKenna descubrió que los constructores habían excedido las ganancias permitidas por la FHA para los departamentos de los veteranos en más de un 20%: un total de 110 millones de dólares a nivel nacional. Tan solo Fred Trump se embolsó más de 4 millones, una de las mayores participaciones individuales.

McKenna se concentró en Tom Grace, comisionado de la FHA en Nueva York, ya que él solo había autorizado más préstamos para veteranos que ningún otro comisionado estatal. Esto lo llevó a descubrir el bufete legal *Grace & Grace*, que en ese entonces estaba dirigido por George, hermano de Tom. Este había llevado más proyectos e hipotecas de la FHA que ningún otro bufete en el país. Y coincidentemente, el despacho también representaba todos los asuntos de Fred Trump con la FHA.

Al auditar a *Grace & Grace*, Mc Kenna encontró cuotas sin registrar, cheques perdidos y cheques al portador, por los cuales George Grace no podía rendir cuentas. Tom Grace fue obligado a renunciar de la FHA en 1952 para evitar cargos por conflicto de intereses.

Pero McKenna no estaba conforme con la renuncia de Grace. Sospechaba que había malos manejos, por lo que solicitó los libros contables de *Dreyer & Traub*. Luego de varios meses de dar rodeos, finalmente Abe Traub se los entregó y McKenna encontró que Abe estaba más cerca de Clyde Powell, el ex comisionado de la FHA a cargo del arrendamiento de vivienda, que ningún otro abogado del país. Abe Traub y Powell hablaban por teléfono al menos una vez por semana sobre asuntos relacionados con la FHA y se visitaban a menudo. Los libros mostraban más de un millón de dólares por conceptos de desembolsos no justificados además de varios cheques en blanco. Traub fue acusado en la corte federal de apelaciones de desacato por no proporcionar recibos, notas o cualquier otro documento que pudiera justificar dichos desembolsos.*

Aunque Traub nunca pudo justificar el dinero, McKenna sostuvo que había sido utilizado para comprar a Clyde Powell, quien luego resultó ser un ladrón de joyas convicto, culpable de fraudes con cheques y desfalco, además de ser un jugador habitual. Años más tarde, Murray Felton, uno de los socios de Traub de aquella época, declaró que Powell era, de hecho, una de sus

---

* La condena fue revocada por un tecnicismo.

principales fuentes de proyectos. En cuanto a los sobornos ilegales, Felton admitió: "No me queda la menor duda de que se pagó mucho dinero". El arquitecto de Fred Trump, Phillip Birnbaum, confirmó claramente: "Powell recibía y recibía".

Debido a su relación cercana y directa con varios de los bandidos en juego (Tommy Grace, Abe Traub, y Clyde Powell), Mc Kenna puso a Fred Trump a la cabeza de sus objetivos. Éste afirmó que Powell colmaba a Fred Trump de atenciones y autorizaba sus proyectos, entre los que se encontraba un permiso especial para iniciar un proyecto en *Beach Heaven* antes de que estuvieran cerrados los créditos que lo financiarían. Esto significaba que podría completar la construcción 6 meses antes de que tuviera que realizar el primer pago del crédito, y de esta manera, se embolsaría una jugosa suma de 1.7 millones de dólares por concepto de rentas que podría cobrar en ese período.

De 1966 a 1986 George Ross fue socio principal de *Dreyer & Traub*, lapso en el que el bufete fue encontrado culpable de fraude de valores.

En 1995, *Dreyer &Traub* cerró sus puertas. Sus abogados se dispersaron y encontraron trabajo en otros despachos especializados en bienes raíces, finanzas y quiebras.

Como dato curioso, la mayoría de ellos no incluye el tiempo que trabajaron para *Dreyer & Traub* en su currículo.

Don King

Don King, el famoso promotor de boxeo no es asesor de Trump, sino que éste último trabajó muy de cerca con él cuando llevó el deporte a sus casinos de Atlantic City. Trump presenta esta imagen de los dos juntos al principio de cada episodio de la serie de TV *El Aprendiz*. King apoya públicamente a Trump para presidente. El promotor también está relacionado con el jefe de la mafia, John Gotti y con Matthew (Matty el caballo) Ianniello.

La relación de King con la mafia de Cleveland dio inicio cuando éste era corredor de apuestas, según un ex agente del FBI que luego se convirtió en inspector general de Nueva York y cuyo nombre era Joseph Spinelli. En su libro sobre King, el periodista ganador del premio Emmy, Jack Newfield, des-cribe los inicios de la carrera del promotor de boxeo cuando corría apuestas ilegales en Cleveland y donde era conocido como "Donald the Kid". Newfield relata la historia de cuando King, a los 23 años, golpeó y pateó a su amigo, Sam Garrett, porque le debía 600 dólares de una apuesta. Quince civiles y dos policías presenciaron el crimen. King fue arrestado en el sitio y tenía en su poder una magnum calibre .375 sin registro y completamente cargada, con sangre de Sam Garrett. Unos testigos declararon haber visto cómo King golpeaba a Garrett con el arma.

El libro de Newfield sostiene que King escapó de una larga condena en prisión por su crimen en el momento en que varios de los 15 testigos desaparecieron (lo que llevó a los demás testigos a cambiar sus testimonios) y empezó a correr dinero para "hacer las cosas bien".

A pesar de los testigos desaparecidos, el caso llegó a juicio en 1966. El jurado tardó solo 4 horas en declararlo culpable del cargo de asesinato en 2º grado, y la condena era cadena perpetua. Por razones que solo él conoció, el Juez Hugh Corrigan redujo la sentencia de asesinato en 2º grado a homicidio involuntario y suspendió la ejecución de cadena perpetua en espera de una moción de un nuevo juicio por parte del abogado de King. Debido a la decisión de Corrigan, King solo pasaría 3 años y 11 meses en una prisión en vez del resto de su vida.

Luego de su salida de la cárcel, King empezó como promotor de boxeo, aprovechando su relación con Mohammad Ali para impulsar su carrera. A continuación les comparto un relato del libro de Newfield sobre la primera pelea de King, como la recordara Joey Fariello, el entrenador de uno de sus luchadores. La pelea terminó con una decisión dividida.

"King intentó engañar a mi muchacho para quitare su paga, que era de solo 1,200 dólares," dijo Fariello. King me dijo que había un embargo contra el chico, pero yo sabía que eso no era cierto. Eventualmente conseguimos el dinero, pero tuvimos que luchar como locos por él. Esta era la primera pelea de Don y empezó su carrera intentando quitarle 1,200 dólares, mismos que estaban en una tarjeta de caridad para un hospital para negros, a mi luchador afroamericano".

Y esa no fue la única vez. De acuerdo con evidencia recabada por Newfield, para finales de la carrera de King, éste había sido demandado más de 100 veces por boxeadores que aseguraban que había intentado quitarles su dinero.

La *Encyclopedia of African American History* (*Enciclopedia de historia afro americana*) dice lo siguiente: *"King era casi tan famoso por sus problemas legales como por sus promociones de boxeo, ya que frecuentemente era investigado por crímenes que iban desde la evasión fiscal y el fraude, hasta intervenir con el jurado y defraudar grandes sumas de dinero a sus luchadores."*

"Muhammad Ali demandó a King luego de una pelea en 1980 con Larry Holmes, asegurando que King le debía 1,200 millones de dólares."

"Esa cifra se queda chica en comparación con la demanda de Mike Tyson, quien aseguró que King le quitó más de $100 millones en el transcurso de su carrera."

"Dos incidentes más oscurecen la imagen de King (en 1984 y en 1998), cuando el promotor premió a algunos miembros del jurado que lo encontraron inocente en dos casos de evasión fiscal y fraude de seguros, con viajes con todos los gastos pagados a ver peleas que él promociona-

ba, y una aparición ante un comité del senado en 1992 en la que King se apegó a la quinta enmienda contra la auto-incriminación cuando le preguntaron sobre su relación con el jefe de la mafia, John Gotti".

Recientemente King llegó a un acuerdo fuera de la corte con Muhammad Ali. Larry Holmes ganó la demanda de éste último contra King, y Tim Witherspoon recibió 1 millón de dólares por parte de King. Mike Tyson aceptó los 14 millones de otro acuerdo fuera de los tribunales, mientras que Terry Norris se vio forzado a aceptar 7.5 millones. Otros dos luchadores que también aseguran haber sido estafados por King son Lennox Lewis y Chris Byrd.

En 2005, una demanda de King contra la cadena de deportes ESPN fue sobreseída por una sentencia sumaria. King objetó contra un documental de ESPN que mostraba, entre otras cosas, que King había "matado no una, sino dos veces, amenazado a Larry Holmes de que le iba a romper las piernas, estafado a Meldrick Taylor para quitarle un millón de dólares y luego lo había amenazado de muerte". La sentencia del juez fue: "No hay nada en los registros que indique que ESPN hizo alguna falsa declaración sobre King…"

Quizá el mayor elogio que se ha hecho sobre Don King fue el del Reverendo Al Sharpton, quien dijo: "si hubiera nacido blanco, hubiera sido Donald Trump".

John Cody

John Cody fue presidente del *Teamsters Local* 282 (sindicato local), el mayor sindicato de construcción de Nueva York. Sus miembros condujeron cada día las revolvedoras de concreto que alimentaron el proyecto de

la *Trump Tower*. De acuerdo con Barrett, en los 70's y 80's, la industria del concreto de Nueva York (tanto los sindicatos como los contratistas) estaba dominada por el crimen organizado. La *Trump Tower* se convirtió en la obra de concreto reforzado más alta de la nación. También fue uno de los trabajos de concreto más costosos de la historia, cuyo gasto en dicho material ascendió a 22 millones de dólares. (Ver Barrett, p. 193-200).

Resultaba tan inusual que una estructura semejante estuviera hecha en su totalidad de concreto, que en el otoño de 1980, antes de que iniciara su construcción, unos fiscales citaron a declarar a Trump para que explicara su elección de dicho material, así como su posible vínculo con John Cody, el jefe del sindicato.

Cody, un criminal a todas vistas, contaba ya con 8 arrestos y 3 sentencias. Para el momento en el que la *Trump Tower* estuvo terminada, le habían sido levantados 8 cargos en un nuevo caso federal por actividades criminales, y había sido acusado, entre otras cosas, de aceptar 160,000 dólares en sobornos. Sus nexos con la mafia eran tan fuertes, que el FBI reportó que Carlo Gambino, el gánster más poderoso de América, había asistido a la boda del hijo de Cody en Long Island, en 1973.

Agentes del FBI que investigaban a Cody obtuvieron información acerca de que éste había obligado a Trump a que se comprometiera a darle un departamento en la Trump Tower, a cambio de que hubiera paz laboral durante su construcción. Y debido a que esto coincidía con el modus operandi de Cody, preguntaron a Trump al respecto. Trump lo negó, y como los investigadores solo tenían declaraciones sueltas, no continuaron investigándolo. La torre fue creciendo sin problemas, y Cody estuvo frecuentemente en el lugar.

En una entrevista posterior, Cody declaró conocer muy bien a Trump. Informó que a Trump le gustaba que los acuerdos entre ambos fueran manejados por Roy Cohn, amigo de ambos y ocasional asesor legal.

Según Barrett, Trump fue informado con meses de anticipación acerca de la huelga que Cody planeaba en toda la ciudad en 1982, y consiguió que éste le ayudara a terminar de prisa los últimos pisos antes. Cuando el resto de la ciudad estuvo cerrada debido a la huelga que inició el 1 de julio y duró dos meses, el trabajo de concreto de la *Trump Tower* no se vio afectado.

Incluso antes de que fuera completado el trabajo en la torre y Cody fuera condenado a fines de 1982 por actividad criminal, Trump continuó contando con la cooperación de Cody para su nuevo proyecto que apenas empezaba, el Trump Plaza, en la Avenida 3.

La pregunta es: sin importar lo que Trump declarara ante el FBI, ¿Cody realmente estaba interesado por un departamento en la *Trump Tower*? Y, como Wayne Barrett descubriera, aparentemente la respuesta es sí. (Ver Barrett).

A pesar de que los agentes federales no pudieran hallarlo, una amiga de Cody, llamada Verina Hixon, compró a su nombre seis unidades en dos de los pisos superiores de la *Trump Tower*. A fines de 1982, y sin contar con ingresos comprobables, Hixon firmó el contrato con Trump por la compra de 3 dúplex con un costo total de alrededor de 10 millones de dólares. Éste firmó con ella un contrato muy inusual en el que se comprometía a construir las secciones de los dos pisos —justo debajo de donde Trump vivía— de acuerdo con los planos arquitectónicos realizados por su arquitecto. Cuando Trump se negó al proyecto, Cody y Hixon aparentemente se reunieron con él en un bar y lo acorralaron para que aceptara. Hixon recuerda que Trump comentó: "cualquier cosa por ti, John". Cuando Hixon no pudo cumplir con 3 millones de su crédito de financiamiento, Cody habló directamente con Donald y le pidió que negociara una hipoteca. Trump así lo hizo y, según Hixon, ella ni siquiera tuvo que presentar un estado de cuenta o llenar ningún formato.

Cody dijo que estuvo involucrado en esos departamentos desde sus inicios y que comentó con Trump su interés por uno de ellos, y entonces le informó que Hixon lo contactaría. De acuerdo con Cody, incluso llamó a Trump en una ocasión desde la cárcel.

Barbara Res, la mujer que supervisó la construcción de la *Trump Tower*, observó que Donald y su esposa (Ivana) eran muy amables con Hixon y pensaban que era novia de Cody. (Ver O'Brien, TrumpNation).

A mediados de 1984 y mientras Cody estaba en la cárcel, Bobby Sasso se convirtió en el nuevo presidente del sindicato 282. Había sido empleado de Cody por años y su hijo había sido capataz en el *Trump Plaza* y en proyectos posteriores de Trump. Cuando recibió amenazas de una huelga ilegal, llamó a Sasso y éste se encargó del asunto. Más adelante su hijo comentó con otro constructor que Trump lo había llamado por esa época y le había preguntado qué debía hacer "con el departamento de Cody". Sasso asegura haberle dicho a Trump que lo olvidara; que no quería tener nada que ver con los departamentos. (Posteriormente Sasso negó haber hablado al respecto con Trump).

Cody luego admitió que "tal vez se mudaría" permanentemente al departamento de la *Trump Tower* si llegara a ganar su apelación o cuando cumpliera su tiempo en prisión. Lo que sí es que invirtió en secreto 500,000 dólares en obras de remodelación para el departamento. Eventualmente Hixon perdió los departamentos cuando ya no pudo hacer los pagos de la hipoteca y el banco se quedó con ellos.

Trump no divulgó nada de lo anterior a los agentes federales que investigaban las operaciones de Cody, como tampoco lo hizo a la Casino Control Commision de Nueva Jersey. Si hubiera reconocido esa relación hubiera sido motivo suficiente para negarle la licencia para el casino.

Cody murió en prisión en 2001, después de purgar su condena por actividades criminales y otros crímenes. Y Trump ya no necesita obtener licencias por parte de la Casino Control Commission de Nueva Jersey.

Pero, ¿cuántos más de los involucrados en esta historia siguen con vida y podrían conocer personalmente ciertos detalles? Cualquier podría usar esa información para sobornar o intimidar a Trump.

Es por eso que Trump debería hablar claramente de todos estos incidentes.

Fat Tony Salerno

La compañía *S&A Concrete*, de Anthony "Fat Tony" Salerno proveía el concreto que los conductores de John Cody llevaban todos los días a los lugares en los que se construían los proyectos de Trump en Nueva York. También era jefe de la familia criminal Genovese. El Señor Salerno murió en prisión a la edad de 80 años, en donde cumplía varias sentencias consecutivas de 100 años más 70 años por dos cargos federales por actividades criminales. (Ver la sección sobre John Cody).

En 1986, los fiscales federales identificaron al Señor Salerno como principal miembro de la comisión de la mafia, el consejo rector de las 5 principales familias criminales. Informaron también que, como cabeza de la familia Genovese, integrada por 200 miembros, su influencia se extendía desde las costas de Miami, hasta los sindicatos de Cleveland y la industria de concreto de Nueva York.

Al mismo tiempo, la revista *Fortune* lo clasificó como el gánster más rico y poderoso de América. Esta mencionó que sus ganancias eran de decenas de millones por usurero, por estafar ganancias de los jugadores en los casinos de Nevada y por cobrar un "impuesto de la mafia" en los proyectos de construcción en la ciudad de Nueva York.

Cuando el fiscal acusó a Salerno por aceptar al menos 10 millones de dólares anuales de cuotas ilegales, pero reportar solo 40,000 en su declaración de impuestos, Roy Cohn, abogado del Señor Salerno, aseguró que su cliente era "apostador de deportes".

El negocio fuerte de Salerno era manipular licitaciones de construcción para los rascacielos de Manhattan. En su juicio fue hallado culpable de asignar contratos y obtener sobornos por construir las superestructuras de concreto de 16 edificios de Manhattan, uno de los cuales fue el Trump Plaza. Fue sentenciado a 70 años adicionales por este cargo.

Cuando le preguntaron a Trump sobre Salerno en una entrevista en 2015, admitió que "S&A Concrete supuestamente estaba vinculado con la mafia".

Lo que no mencionó fue que él y Salerno compartían abogado —Roy Cohn, el buen amigo de Trump, y seguramente sabía mucho más sobre Salerno de lo que podía haber aceptado.

Una fuente anónima del FBI reportó que se habían reunido, al menos en una ocasión, en el departamento de Cohn, y Barrett tiene al menos un testigo ocular que lo confirma. Pero Trump continúa negándolo. (Ver la sección sobre Sammy "The Bull" Gravano).

Nicky Scarfo

Nicodemo "Little Nicky" Scarfo se convirtió en jefe de la familia criminal de Filadelfia en 1981, luego de los violentos asesinatos de los dos jefes anteriores en el curso de dos años. Su familia criminal controlaba las actividades en Filadelfia, el sur de Jersey, Delaware, Baltimore y Atlantic City. Scarfo fue desterrado a Atlantic City por Angelo Bruno, jefe de la mafia, a finales de los 60's, por violencia excesiva, específicamente por matar a puñaladas a un hombre con quien discutía sobe quién debía sentarse en una cabina de un restaurante. Scarfo es responsable de los homicidios de más de una docena de personas.

Antes de que los casinos llegaran a Atlantic City, él operaba un pequeño negocio de préstamos y apuestas, al mismo tiempo que hacía otras estafas y vendía drogas ilegales.

Cuando el juego de azar se legalizó, la fortuna de Scarfo se disparó. Pudo ver que llegaba a su ciudad una nueva oportunidad para hacer dinero y se decidió a conseguir una buena tajada para él. Además, su negocio de metanfetaminas creció hasta convertirse en una operación que dejaba millones de dólares mensuales.

Su pandilla estaba organizada cuando los casinos empezaron a operar. Frank Lentino, un ex líder sindical supuestamente retirado era su hombre más cercano, además de ser el organizador del *Frank Gerace's Local 54 Hotel Employees & Restaurant Employees International Union* (HEREIU) (Sindicato Local de Empleados de Hoteles y Restaurantes). La principal responsabilidad de Lentino, de acuerdo con un memorándum del FBI, era la de "supervisar directamente a los líderes de varios sindicatos locales de trabajadores (Incluyendo el *Local 54* y varios más) para la organización de Scarfo". Este último convirtió al *Local 54* en una fábrica de dinero para la mafia. Al inicio recibía 20,000 dólares mensuales por parte del sindicato.

Los contactos sindicales de Scarfo también le permitieron acceso al alcalde de Atlantic City, Michael Matthews.

Scarfo también tenía una participación en *The Cleveland Wrecking Corporation* (empresa de demolición), misma que hizo el trabajo de demolición para su proyecto del Hyatt en la ciudad de Nueva York.

Cuando Trump llegó a Atlantic City, dos terrenos que había escogido para la construcción de sus casinos eran propiedad de personas relacionadas con Scarfo. (Ver la sección titulada *Relación de la mafia con los casinos de Trump* y la sección de Danny Sullivan).

Scarfo cumple actualmente una condena de 55 años en una cárcel federal por una sentencia de 1988, por conspiración en actividades criminales que incluyen nueve asesinatos.

Vito Pitta

A mediados de los años 80's, cuando Vito Pitta era vicepresidente internacional y funcionario del *Local 6 Hotel Employees & Restaurant International Union* (HEREIU), fue mencionado como socio de la familia criminal Colombo en un reporte de la comisión sobre crimen organizado que se le presentó al presidente Reagan. Al mismo tiempo fue acusado de formar parte de una "estructura de actividad criminal" que incluía extorsión, robo, usura, juego de azar, soborno y tráfico de drogas." A pesar de que las grabaciones telefónicas y la vigilancia del FBI ofrecían evidencia suficiente para inculparlo, los cargos en su contra fueron rechazados varios años más tarde, mientras que otros 4 jefes que habían sido acusados con él sí fueron a prisión. Pitta fue otro gánster que admitió ser "muy amigo" de Roy Cohn.

En el evento de inauguración del Grand Hyatt, en Nueva York, en 1978, el sindicato de Pitta estaba manifestándose. En la ceremonia Trump y Pitta fueron presentados por su viejo amigo mutuo, el gobernador Carey. Bastó una breve conversación en la que Trump prometió a Pitta su cooperación con él y con su sindicato, para que los manifestantes fueran enviados a sus casas. En 1985, Trump rompió relaciones con la *New York Hotel Association* al firmar un acuerdo con Pitta en la víspera de una huelga de su sindicato. Pitta quedó encantado por esto. El FBI escuchó una grabación telefónica cuando éste llamó a los miembros de la familia Scarfo, que dirigían el *Local 54* en Atlantic City, para recomendarles a Trump y decirles que Donald no sería ningún problema para ellos. Un año más tarde, Trump firmó su propio contrato con el *Local 54* en Atlantic City y fue prácticamente el único dueño de un casino que no fue víctima de una amarga huelga.

Se dice que Pitta fue escuchado diciendo: "Tienen buenas relaciones con él en Atlantic City. Tan buenas como las que nosotros tenemos aquí". (Ver Barrett).

Cuando Pitta se retiró de su cargo en el sindicato, lo hizo con una pensión anual de 200,000 dólares: 119,400 por parte del *New York Hotel Trades Council*, del que fue llamado presidente emérito, y 101,155 más del *Local 6*.

Kenny Shapiro

Kenny Shapiro, supuesto banquero de la familia criminal Scarfo, en Atlantic City, vendió a Trump el terreno en el que fue construido el *Trump Plaza* y otro para un estacionamiento. Una transacción se llevó a cabo a principios de los 80's y la otra a finales. Más tarde Shapiro fue identificado en unos reportes de las autoridades como el "principal negociador de la mafia" en Atlantic City en los ochenta. Su oficina situada en un edificio de dos pisos muy cerca del malecón, se convirtió en un oasis para los criminales que visitaban la ciudad. Por suerte, su nombre no se mencionó en la solicitud de licencia de Trump en 1982. Las relaciones de Shapiro con la mafia eran tan conocidas por las autoridades que, dos semanas después de que Trump obtuviera su licencia, la policía local instaló una guardia permanente afuera de sus oficinas en Atlantic City. La vigilancia reveló que Nicky Scarfo, así como otros miembros de la mafia provenientes de todo el estado habían estado allí, al igual que Donald y Robert Trump.

Shapiro fue acusado de sobornar al alcalde de Atlantic City, Michael Matthews. Al mismo tiempo, canalizaba dinero de la mafia de Filadelfia hacia docenas de negocios inmobiliarios en la ciudad, y eventualmente fue revelado que era hijo del jefe de la mafia Nicky Scarfo.

Cumplió su condena en prisión y murió a principios de 1990.

¿Todos los detalles de su relación con Trump habrán muerto con él?

Danny Sullivan

Danny Sullivan fue ejecutivo de negocios del *Teamsters Union* y amigo de Jimmy Hoffa, cuyo récord criminal incluía hacerse pasar por oficial de policía, robo, robo agravado, asalto criminal y posesión de un arma peligrosa.

En una ocasión alardeó de formar parte del *Teamster's Local 37*.

Sullivan era un hombre grande y de personalidad explosiva. Trump dijo a O'Brien que "escuchó un rumor" de que Sullivan había matado a Jimmy Hoffa y que no quería ser amigo suyo. Pero Sullivan, debido a sus contactos con sindicatos controlados por la mafia, tales como el *Teamsters*, el *Laborers International* y el *Hotel & Restaurant Employees Union*, era una persona que podría resultar muy útil conocer. De hecho, Trump lo contrató como "asesor laboral" para manejar un pleito laboral en la construcción de su *Grand Hyatt* (Nueva York, 1980). Como era de esperarse, Sullivan hizo desaparecer el problema.

De acuerdo con Tuccille, Trump también utilizó los servicios de Sullivan para negociar la paz con el sindicato de trabajadores luego de que fuera inaugurado el Grand Hyatt. *El Los Angeles Times* reportó que Trump tenía en tan buen concepto a Sullivan que se lo presentó a su banquero personal en el *Chase Manhattan bank*.

De acuerdo con el FBI, Hoffa le había dicho a Sullivan que su vida estaba en peligro poco tiempo antes de su desaparición. Curiosamente y sin relación aparente, Sullivan fue también la última persona en ver con vida a un disidente del *Teamster*, un abogado de nombre Abraham Bauman. Nunca fueron encontrados ninguno de los dos cuerpos.

Según Barrett, "la relación de Sullivan con el presidente nacional de la *Hotel Workers Union* (Sindicato de Trabajadores de Hoteles) —un famoso socio de la familia criminal de Chicago— ayudó a garantizar los primeros contratos de Trump con el sindicato en el Hyatt, y más tarde en el *Barbizon*, en Nueva York. Dichos contratos fueron deliberadamente planeados al margen del acuerdo que la *Hotel Association* tenía a nivel de la ciudad con ese sindicato, sentando las bases para la relación especial que se fue desarrollando a lo largo de los años entre Trump y el sindicato, tanto en Nueva York como en Atlantic City".

Sin embargo, el nexo más importante de Trump con Sullivan fue resultado de la sociedad que éste último había construido con Kenny Shapiro, banquero de la familia criminal Scarfo. Tenían terrenos que le interesaban a Trump en el *Boardwalk* y se los alquiló por 99 años.

Antes de que la CCC otorgara la licencia a Trump en 1982, le solicitaron que comprara la sociedad de Shapiro y Sullivan y terminara su relación con ellos debido a la preocupación que generaban los antecedentes de ambos hombres. Trump y Sullivan declararon ante la CCC que no se habían conocido antes de las negociaciones para el terreno del Holiday Inn.

Todo parece indicar que Trump olvidó mencionar a la CCC todo lo relacionado con la "consultoría laboral" que Sullivan le había prestado anteriormente. Y luego de la audiencia, se supo que Sullivan se refería a Trump como "mi viejo amigo de Nueva York". "Es bueno ser amigo de un millonario," agregó. (Ver O'Brien).

Sullivan fue un cómplice que no fue condenado en el caso de robo contra el alcalde de Atlantic City, Michael Matthews. Evitaba decir cualquier cosa que pudiera incriminarlo, cuando estaba dentro del rango de los micrófonos del FBI. Sullivan testificó ante el jurado a cambio de una absolución —pero Shapiro, su socio que realizó los sobornos, sí fue a prisión.

Felix Sater

Trump a la izquierda y Felix Sater a la derecha. La Trump Organization le dio, en 2010, a Sater la tarjeta de presentación que usted ve a la derecha.

Para comprender mejor la relación de Sater con Trump, presentaremos su historia año con año:

1966. Felix Sater nació en Rusia. Varias fuentes aseguran que su padre tenía vínculos con la mafia rusa.

1974. Sater y su familia emigran a EUA.

1990. A sus 24 años, Sater era un exitoso corredor de bolsa en *Wall Street*.

1993. Sater va a prisión como resultado de una violenta pelea en un bar con un compañero corredor. De acuerdo con la transcripción del juicio, el Señor Sater tomó una gran copa de margarita, la rompió contra la barra y clavó el palo en el lado

derecho de la cara del corredor. El hombre sufrió daño neuroló-
gico y requirió 110 puntadas para cerrar la herida en su cara.

1996. De vuelta en las calles, luego de cumplir su condena,
de acuerdo con el *New York Times*, pronto estaba nuevamente en
problemas con la ley. Dejó de pagar la renta de un casillero que
tenía en la zona sur de Manhattan. Cuando el administrador lo
abrió, encontró una maleta que contenía documentos que detalla-
ban una operación de lavado de dinero, relaciones con la mafia y
cuentas bancarias de Sater en paraísos fiscales. También se encontraron dos pistolas y un revólver. Al momento en que los investigadores encontraron esto, supuestamente Sater estaba de vuelta
en la madre patria, haciendo negocios allá con sus contactos. El
descubrimiento desató una mayor investigación del FBI.

1998. Luego de 2 años de investigación, Sater, 19 corredores
de bolsa y sus contactos criminales fueron acusados de lavado de
dinero y fraude bursátil en una estafa de 40 millones de dólares.
Las autoridades federales afirmaron que la operación de Sater dependía de miembros de varias familias de la mafia para cometer
extorsiones y "resolver conflictos". Según el *Washington Post*, las
autoridades federales llamaron a la operación "un esfuerzo con-
certado del crimen organizado por incursionar en Wall Street".
Gennady Klotsman, amigo de Sater, fue acusado de complicidad
y sostuvo que ambos se declararon culpables de actividades criminales en 1998, pero Sater quedó fuera de peligro cuando decidió
cooperar con las autoridades.

2000. Sater fue acusado por segunda ocasión en marzo de
2000, y entonces se convirtió en un "cómplice no acusado", además de ser una figura clave en la operación de 40 millones de dólares que involucraba a 19 corredores bursátiles y a personajes del
crimen organizado de cuatro de las familias criminales. La acusación sostenía que Sater había ayudado a crear corretajes fraudulentos que habían sido utilizados para defraudar a inversionistas
y para lavar dinero. Eventualmente todos los involucrados fueron

declarados culpables, seis de los cuales tenían nexos directos con familias de la mafia.

2003. Sater sostiene, en un testimonio bajo juramento, que él y sus "socios de negocios" se aproximaron a Trump para proponerle construir Trump Towers en todo el país y en el bloque soviético. Trump otorgó los derechos para explorar proyectos en Nueva York, Florida y Moscú a *Bayrock Group*, la compañía de Sater.

2003-2008. En otro testimonio jurado que revisó el Washington Post, Sater describió una relación cercana con Trump. Las oficinas de Bayrock de la compañía de Sater, estaban en la Trump Tower. De acuerdo con éste, solía visitar con frecuencia las oficinas de Trump en un periodo de 6 años. Afirmó haber volado con Trump a Colorado y que éste le pidió que escoltara a dos de sus hijos (Donald Jr. e Ivanka) por Moscú en 2006.

2006. Un ex empleado de Sater lo acusó en una demanda de haberle dicho durante una pelea, "cállate o corres el riesgo de morir".

2007. Ernest Mennes demandó a Sater en 2007 por un proyecto en el que se habían asociado. De acuerdo con su testimonio, Sater lo llamó en 2006 y lo amenazó con que su primo "le daría toques eléctricos en los testículos, le cortaría las piernas y lo dejaría muerto en la cajuela de su auto", si Mennes se atrevía a revelar su pasado criminal. Sater asistió a diversos eventos sociales en Mar-al-Lago, la mansión de Trump en Florida, así como a un lujoso almuerzo en el Trump Soho, una propiedad que Sater le ayudó a desarrollar. Más adelante en ese mismo año, *The New York Times* publicó un artículo sobre el pasado de Sater. Antes de eso y aunque gran parte de sus antecedentes estuvieran ya en los registros públicos, el gobierno había suspendido las acusaciones federales de 1998 y 2000 sobre la manipulación de acciones a cambio de que Sater ayudara a apresar a sus contactos de la mafia.

2007-2008. Incluso después de que su pasado fuera revelado en el artículo del *New York Times*, Trump mantuvo su estrecha relación con Sater. A petición de los abogados de Trump, Sater testificó en una demanda por difamación contra el periodista O'Brien (La demanda fue descartada).

2009. Sater fue declarado culpable en la acusación de 2000 por fraude fiscal, pero recibió una sentencia muy leve debido a la ayuda que prestó para condenar a sus cómplices, incluidos los seis que estaban relacionados con la mafia.

2010. Sater estaba de vuelta con una oficina en la *Trump Tower* en busca de más negocios para Trump. Le proporcionaron tarjetas de presentación que lo declaraban "Asesor principal", como la que se muestra en la fotografía, además de una dirección de correo electrónico de Trump.

2013. En un testimonio jurado, Trump aseguró que no podría reconocer a Sater aunque estuvieran en la misma habitación.

2014. En una entrevista con la BBC News, cuando surgió el tema de su relación con Sater, Trump dio por terminada la entrevista abruptamente, se levantó y se fue.

2015. Una investigación de ABC News sugiere que Trump pudo haber mentido bajo juramento acerca de su relación con Sater.

Si Trump miente sobre asuntos como este, ¿no debería investigarlos el FBI?

Sammy *"The Bull"* Gravano

¿Qué le debe Trump a la mafia de Nueva York?

En las décadas de los 70's y 80's, mientras Trump construía uno de los principales ejemplos de la influencia de la mafia en Nueva York, tuvo lugar el escándalo/estafa de la industria del concreto. Hablaremos más acerca de esto en otra sección del libro, pero es importante tomar

en cuenta que dicho negocio era tan grande, que las cuatro familias más influyentes de la mafia de Nueva York participaban de él.

La mafia tomó el control del *Concrete Workers Union* (Sindicato de Trabajadores del Concreto) en 1981, cuando daba inicio un auge de la construcción en Nueva York. Al mismo tiempo, formó seis compañías que trabajaban el concreto, para así garantizar el poder manipular las licitaciones. Estas seis compañías eran las únicas que estaban autorizadas para licitar en proyectos mayores a dos millones de dólares, y todos aquellos que excedieran los cinco millones de dólares iban directamente a la mafia. Esta cobraba un impuesto del 2% sobre cada contrato, más dos dólares por cada yarda (0.304 metros) cúbica de concreto vertida.

La máxima categoría de las compañías de la mafia era S&A Concrete Co., propiedad de las familias criminales Genovese y Gambino. En el nivel superior estaban Anthony "Fat Tony" Salerno (líder de la familia criminal Genovese) y Paul Castellano (líder de la familia criminal Gambino).

Otros dos individuos que estaban directamente involucrados en estos proyectos eran Vincent DiNapoli, un capitán de la familia Genovese y Sammy "The Bull" Gravano, segundo al mando de la familia criminal Gambino, este último famoso por haber cometido al menos 19 asesinatos, además de haber eliminado a su jefe, John Gotti.

Todo el material que se utilizó para la *Trump Tower*, el mayor proyecto de concreto jamás construido, vino de S&A Concrete. Trump optó por hacerlo completamente de concreto, en vez de utilizar una estructura de acero, mucho más común y más barata. Esta decisión originó un gran flujo de dinero para la mafia y fue tan inusual, que el FBI inició una investigación al respecto. Trump nunca ha explicado por qué eligió evitar la construcción de acero convencional.

Siete años después de que se construyera la *Trump Tower*, una acción conjunta del FBI, la *State Organized Crime Task*

Force (Grupo Operativo para el Crimen Organizado del Estado), y el departamento de policía de Nueva York encontró que la alta jerarquía de las cuatro familias de la mafia se repartía más de 8 millones de dólares en ganancias provenientes de su "club del concreto". Salerno y DiNapoli fueron acusados y condenados.

Además de la *Trump Tower*, que formaba parte de los actos criminales por los que Salerno y DiNapoli fueron acusados, estaba un subcontrato por 7.8 millones de dólares de concreto otorgado a *S&A Concrete Co.*, para la construcción de los departamentos de lujo de la *Trump Plaza*, ubicada en la calle East 61 y construida por *HRH Construction Company*.

Irving Fischer, el presidente de *HRH Construction Company*, era uno de los constructores que tenían el valor de enfrentarse a la mafia. Testificó en el juicio que, cuando construía la *Trump Tower*, "un montón de maleantes irrumpieron en nuestra oficina y amagaron a la telefonista a punta de cuchillo" para que les diera trabajos de aviadores (en los que cobras sin tener que presentarte a trabajar).

En repetidas ocasiones Trump negó sus vínculos con la mafia y no testificó en el juicio contra Salerno y DiNapoli. Pero Wayne Barrett declara que tuvo testigos presenciales en una reunión de Trump con Tony Salerno en las oficinas de Roy Cohn, su mutuo abogado.

Sammy "The Bull" Gravano tiene otra historia acerca de la relación de Trump con la mafia. En una entrevista con Diane Sawyer, la periodista de *ABC News*, Gravano dijo: "Literalmente me maravillo cuando veo Manhattan… porque yo lo controlo. Literalmente controlo Manhattan… me maravillo, cuando veo las luces y todo lo demás. Donald Trump… no podría haber construido ni un edificio si yo no hubiera querido que lo construyera".

¿En dónde estaba Donald Trump durante la investigación del FBI? ¿Por qué no se opuso a la mafia cuando tuvo la oportunidad?

¿Por qué, 30 años después, no ha podido admitir que ayudó a John Cody, otro gánster convicto, para obtener un departamento en la *Trump Tower*? ¿Acaso se lo dio por pura amistad o fue obligado por la mafia?

De cualquier manera, ¿dónde estuvo la fuerza legendaria de Trump cuando era realmente importante?

Magnifica Porta

Antes   Después

Hay un acertijo que cuentan las abuelas sicilianas llamado "La puerta magnífica":

> Una puerta blanca con tres secciones. La sección superior está totalmente pintada de negro. Unas gruesas rayas negras están pintadas en la sección media. Grandes puntos negros están dispersos en la parte inferior.
>
> ¿En qué momento la puerta deja de ser blanca?

O, puesto de otra manera: eres un hombre totalmente intachable, con ningún nexo con el crimen organizado. Un día adoptas un mentor, que también es tu abogado, y que tiene relación directa con la mafia. Luego contratas un bufete jurídico para que lleve tus asuntos, y éste tiene contacto directo con la mafia. Después eliges a socios de negocios que están vinculados con la mafia. Y por encima de todo esto, construyes dos grandes proyectos y parece que haces todo lo necesario para elegir a constructores relacionados con la mafia o que son propiedad de la misma. Incluso nombras a un abogado para que sea el presidente de tu organización, que está conectado con la mafia.

¿En qué momento podemos empezar a decir que tú mismo estás "relacionado con la mafia"?

La integridad supera todo: lo que Trump podría hacer al respecto

Uno no llega a postularse para la presidencia de Estados Unidos creciendo en el vacío. Entonces, si no te ha impulsado alguno de los dos partidos principales o algún magnate de casinos o la NRA, ¿desde dónde surgiste?

Trump es un magnate inmobiliario de tercera generación, nacido en una de las familias más ricas de América. Después de su llegada de Alemania, sus ancestros inmediatos se metieron de lleno en los bienes raíces en Nueva York, en una época en la que el crimen organizado era el rey. La influencia de la mafia era igualmente desenfrenada en Atlantic City en donde Trump eligió incursionar más tarde.

Los americanos amamos los regalos. El hecho de que un político acepte uno, no quiere decir que necesariamente esté poseído por el diablo. Y solo porque un desarrollador pague un soborno a la mafia, no quiere decir que éste sea Lucifer. Un político que, una vez electo sirva para el bien común de forma tenaz y honesta, puede decirse que está haciendo su trabajo.

Lo que importa es la integridad personal. Y Trump sí la tiene.

Aunque está rodeado de personas que beben, consumen drogas y juegan, él no hace ninguna de esas cosas. Sus esposas todavía parecen quererlo y sus hijos obviamente lo apoyan. A su vez, él parece amar a sus hijos y amó a sus padres. Pero claramente tiene un conflicto.

Este es un hombre que es abstemio, que produjo una marca de vodka con el nombre de Trump para incitar a beber más alcohol a las personas. (¿Cómo podía saber si el producto era bueno?). Este es un hombre que es lo suficientemente listo como para no jugar en un casino, sin embargo se siente muy cómodo ordeñando miles de millones de dólares a sus clientes inocentes. Este es un hombre que podría contratar a cualquiera, sin embargo se rodea de personas como las descritas en este libro, personas que aparentemente abandonaron la idea de integridad hace mucho tiempo.

La mafia y el cartel de casinos difieren de los otros grupos de intereses especiales en un punto importante: sus acciones son motivadas casi completamente por la ambición y la mentalidad criminal. Toman y toman y toman y no dan nada de valor a cambio. Si tan solo uno de los individuos descritos en este libro comparte un secreto con Trump, existe el riesgo potencial de soborno y extorsión. Pero cuando tomamos en cuenta cuántos son (sin mencionar cuantos más podría haber que también pudieran tener información de primera mano sobre estos negocios) el riesgo potencial de una catástrofe es inmenso.

Esta vulnerabilidad debería ser eliminada para que aquellas personas que quieran votar por él puedan sentirse seguras.

La divulgación honesta de todos los detalles de estos acuerdos es un primer paso obvio y fácil. Cualquier cosa que pudiera revelar quedaría protegida por plazos de prescripción y los votantes sin duda admirarían su coraje. Y, lo más importante, los mafiosos no tendrían nada con qué sobornarlo.

Roy Cohn ya murió. En donde sea que esté, es muy poco probable que le importe que Trump reniegue de él. La mayoría de sus nexos con la mafia están en el pasado, por lo que sería muy fácil reconocerlos ahora y repudiarlos.

El paso más importante sería reconocer sus nexos con Roger Stone y el cartel de casinos. Esos tipos no pueden traer nada bueno. Pero si algunos empresarios dueños de grandes portafolios de inversión pueden poner sus fortunas en fondos de inversiones por el tiempo que duren sus cargos en el servicio público, Trump debería poder hacer lo mismo con sus contactos con los casinos. Podría acceder a cortar lazos durante el plazo que dure la presidencia.

Llevar a cabo estas acciones representaría un gran paso para definir su honestidad y su coraje. Podría ayudarlo a ganar más votos, o no (pero muy probablemente sí).

Lo que seguramente sí sucedería es que sería un presidente más fuerte y racional.

5

La "prueba" de que Trump no está con la mafia

Muy a su manera, Roger Stone (retratado en una sección previa del libro y líder de uno de los *Super PAC* de Trump) ofreció alguna "prueba" engañosa y sucia de que Trump no está contaminado por nexos con la mafia. Sin tomar en cuenta todas las dudosas relaciones de Trump descritas en este y muchos libros más, Stone asegura que *"Hay cero posibilidades de que Trump esté con la mafia"* porque pasó la revisión de antecedentes llevada a cabo por la *New Jersey Casino Control Commission*, cuando solicitó la licencia para operar casinos en Atlantic City.

Sin duda, cuando Stone dijo esto se mordió la lengua.

Pero me da gusto que lo dijera. Nos da oportunidad de hablar un poco acerca de la *New Jersey Casino Control Commission*. Y hay TANTO qué decir.

La New Jersey Casino Control Commission

> *"La Casino Control Act (Ley de Control de Casinos) es producto de intereses especiales que esperan beneficiarse con decenas de millones de dólares de ganancias a costa de nuestros ciudadanos que trabajan".*
> —Abogado de EUA Jonathan Goldstein

Los casinos se legalizaron en Nueva Jersey en 1977. Las fuerzas detrás de la legalización consideraban que era vital tranquilizar al público acerca de que las personas que trabajaban en la industria  de los casinos eran honestas, bienintencionadas y sin alguna relación con la mafia. Sentían que esto era necesario para evitar una violenta reacción pública contra la posibilidad de que la mafia estuviera involucrada.

Es fácil entender por qué temían semejante reacción. Menos de 8 años antes, a principios de 1969, el FBI había acusado a 62 personas de Nueva Jersey, incluyendo al alcalde, a tres concejales de la ciudad de Newark, al director de obras públicas, a dos ex consejeros corporativos y a un juez en funciones. Los cargos principales eran por extorsión, corrupción y actividades criminales relacionadas con la mafia. Para el momento en que se completó la investigación sobre corrupción en Nueva Jersey, un total de diez alcaldes, un congresista, líderes estatales de los partidos Demócrata y Republicano, dos secretarios de estado, dos tesoreros estatales, un vocero de la asamblea, un presidente del senado y dos candidatos a senadores habían sido acusados también. Varios políticos de menor rango, burócratas, contratistas y banqueros estaban en prisión de igual manera. En una imputación distinta pero indirectamente relacionada, el FBI acusó a Simone "The Plumber" DeCavalcante y a 54 más con delitos relacionados con corrupción que incluían una operación de apuestas ilegales de 20 millones de dólares anuales. Durante la investigación, el FBI descubrió un cementerio en una granja de pollos en el sur de Jersey que se usaba para enterrar cadáveres de víctimas de la mafia. DeCavalcante, jefe de la única familia criminal de Nueva Jersey, fue acusado de extorsión y sentenciado a 15 años en prisión. (Ver Demaris, p. 40).

¿El FBI los atrapó a todos? Ni siquiera estuvo cerca. Menos de 3 años más tarde (en 1972) surgieron nuevas acusaciones para un ex alcalde de Atlantic City, tres comisionados de la ciudad, el supervisor del aeropuerto, un ayudante del departamento de obras públicas y un agente de compras de la ciudad. Cada uno de ellos fue acusado y se les levantaron 17 cargos por extorsión y 9 cargos por robo. Apareció evidencia que indicaba que casi todos los negocios importantes de Atlantic City habían tenido que pagar 10% de cuotas a dichos funcionarios. En el juicio, el procurador dijo: "impusieron ante la sociedad un sistema feudal de corrupción y actuaron como reyes de la corrupción". El ex alcalde estaba a la cabeza de la conspiración. Eventualmente todos fueron sentenciados. Las sentencias variaban desde 2 años de libertad condicional hasta 6 años en prisión.

Había algo incluso más nefasto que se estaba gestando por debajo. El 15 de febrero de 1970, hubo una reunión en Acapulco, México, a la que asistieron los principales líderes de la mafia de Estados Unidos y Canadá.

Fue organizada por Meyer Lansky, el Don de los intereses del juego de azar clandestino y el hombre que instaló los casinos en la Cuba anterior a Castro en 1950, así como en las Bahamas. También estaba detrás de un gran número de casinos en Las Vegas. En esa reunión fue donde Lansky propuso una campaña para legalizar el juego de azar en los casinos en Atlantic City, así como los métodos mediante los cuales la mafia podría infiltrarse en los mismos.

¿Cómo sabemos esto? Media docena de agencias de gobierno (incluidos el FBI y el IRS) estaban monitoreando la reunión. Posteriormente el presidente de la New Jersey State Commission of Investigation (Comisión Estatal de Investigación de Nueva Jersey) testificó ante una comisión del senado que sostenía audiencias sobre la ley de legalización de casinos y sostuvo que "personajes del crimen organizado de un territorio que cubría hasta Chicago, se reunieron y discutieron acerca de cómo dar un golpe a la industria de juego de azar en los casinos de Atlantic City".

Eso no impidió que un joven asambleísta de Nueva Jersey, llamado Steven Perskie, se convirtiera en el principal promotor y defensor de la introducción del juego de azar en casinos en Atlantic City. Al convertir la legalización del juego de azar en dicha ciudad en el tema principal de su programa, obtuvo el apoyo de Paul "Skinny" D'Amato. D'Amato era el propietario del *500 Club*, una pantalla para el negocio de juego de azar clandestino de la mafia en Atlantic City. Para atraer jugadores, contrataba a artistas de primer nivel para que se presentaran allí. Frank Sinatra se presentó 5 veces cuando estaba en su apogeo y no cobró ni un centavo. D'Amato trabajaba para el corrupto tesorero de Atlantic City, "Nucky" Johnson y su organización política vinculada con la mafia. También era socio de Sam Giancana, líder de la familia criminal de Chicago, y Carlos Marcello, líder de la familia criminal de Nueva Orleans. Dentro de ese entorno, la *Casino Control Act* atrajo a los casinos a Atlantic City.

El apoyo para la legalización vino por parte del *Committee to Restore Atlantic City* (CRAC) (Comité para Restaurar a Atlantic City), cuyo más generoso patrocinador era la Resorts International, una operadora de hoteles que ya luchaba para conseguir que se construyera el primer casino de Atlantic City mucho antes de que la ley estuviera probada. Ésta obviamente no pudo contratar directamente al asambleísta Perskie, así es que hizo otra cosa: contrató a Marvin, su tío, con un salario de 10,000 dólares mensuales para redactar la New Jersey Casino Control Act.* Cuando CRAC había acumulado 1 millón de dólares, también contrató a un estratega político de San Francisco para que manejara la campaña. Su mensaje era simple: *"Cada voto a favor del juego de azar en los casinos en Atlantic City equilibrará los*

---

* Cuando el tío Marvin murió, Perskie se convirtió en su único heredero y obtuvo una fuerte cantidad de acciones de *Resorts*, además de terrenos en áreas autorizadas para casinos.

impuestos, creará empleos, impulsará la economía y reducirá el crimen
en las calles".

Contrataron a líderes de las comunidades minoritarias para promover el mensaje. Y funcionó. Para 1976, el juego de azar en los casinos de Atlantic City era legal.

La *New Jersey Casino Control Act* de Perskie estableció la *Divison of Gaming Enforcement* (DGE) (División de Control del Juego), cuya misión era la de "garantizar la integridad de la industria del juego de azar en los casinos en el estado de Nueva Jersey". También proteger el interés público al mantener una industria legítima y viable, libre de influencias del "crimen organizado". Los legisladores llegaron aún más lejos. Para garantizar a los votantes que "iban en serio" la *Casino Control Act* también estableció la *Casino Control Commission* (CCC) y cuerpo independiente semi-judicial integrado por 3 miembros elegidos por el gobernador. La CCC regularía las apelaciones de las acciones emprendidas por la DGE y además autorizaría las licencias para los operadores de los casinos.

La DGE dependía del procurador general, designado por el gobernador, pero cualquier acción emprendida por éste, podía ser revocada por los miembros de la 'independiente' CCC, mismos que también eran designados por el gobernador.

Cuando la ley para el control de casinos quedó aprobada, el gobernador de Nueva Jersey, Brandan Byrne, mismo que se había postulado utilizando como plataforma la legalización del juego de azar en Atlantic City, declaró enérgicamente, al mismo tiempo que agitaba su puño y gritaba contra el crimen organizado: "¡Quiten sus sucias manos de encima de Atlantic City y váyanse de nuestro estado!"

Byrne designó a Joseph O. Lordi como el primer presidente de la CCC, hecho sorprendente si se toma en cuenta que Lordi tenía antecedentes bastante dudosos y serios cuestionamientos sobre sus relaciones y sus acciones pasadas.

Aquí una nota sobre el gobernador Byrne: antes de postularse, ocupó el cargo de procurador del condado de Essex, encargado de la impartición de justicia en Newark, durante diez años. Un ex director de policía de aquellos años describió el estado de uno de los distritos de Newark en aquel entonces como "el infierno del mundo. Los criminales entran y salen de allí como si fueran dueños del lugar. Hasta utilizan los teléfonos de la policía. Todo el lugar apesta de pies a cabeza".

En la década en que estuvo a la cabeza de la impartición de justicia en Newark, la corrupción alcanzó su nivel máximo histórico. Si las acusaciones y los arrestos fueran una de las medidas del nivel de éxito que tiene un procurador para impedir la corrupción y limitar el poder de los jefes políticos o de la mafia, entonces Byrne debería ser considerado impotente: prácticamente nunca acusó o condenó a nadie. Durante esos años, el asistente de Byrne era nada más ni nada menos que Lordi, asignado a la CCC. (Ver Demaris, p. 49).

Poco después de haber ocupado el cargo, el FBI ensució la reputación de Lordi cuando el senador de Nueva Jersey, Harrison A. Williams Jr., informó a unos agentes que se hacían pasar por representantes de inversionistas árabes potenciales, que él podía influir en el Señor Lordi para que éste ayudara a una compañía de casinos, y ya lo había hecho. Lordi lo negó y se rehusó a dejar el cargo. Pero Byrne no investigó a fondo el asunto. Más adelante, el FBI encontró evidencias que apuntaban a que Lordi estaba controlado por el líder criminal Genovese, Joe Catena, durante todo el tiempo que estuvo al mando de la CCC. (Ver Demaris).

Las acusaciones criminales y los arrestos policiales mencionados anteriormente no parecieron detener la corrupción. Solo dieciocho meses después de la aprobación de la ley de control de casinos, Angelo Erichetti (senador del estado de Nueva Jersey y alcalde de Camden) se vio atrapado en un nuevo escándalo que llevó a su arresto y finalmente a su condena por robo y conspiración. Esto como resultado de la misma operación encubierta del FBI que implicó a Lordi. Se llamó ABSCAM y sentenció a seis miembros de la cámara de representantes de EUA, incluyendo a Frank Thompson y a Harrison A. Williams, un senador de Nueva Jersey. El juez federal que condenó a prisión a Erichetti describió a los políticos de Nueva Jersey como "en el centro de una cloaca de corrupción".

La intachable imagen de la CCC quedó todavía más mancillada en esa investigación. Además de las acusaciones contra Lordi mencionadas anteriormente, uno más de los comisionados del gobernador Byrne, Ken McDonald, también fue encontrado culpable, ya que éste había mantenido una larga y cercana relación con Erichetti. Fue éste último, en su calidad de senador, quien originalmente lo propuso para el cargo de comisionado. Luego del nombramiento, Erichetti lo presentó con un agente del FBI encubierto que se hizo pasar por un empresario del Medio Oriente que quería comprar un casino en Atlantic City. McDonald aparece en el video cuando el senador acepta una maleta con 100,000 dólares que le entrega el agente del FBI, y sale de la habitación con ella. Erichetti fue sentenciado y pasó 3 años en la cárcel. McDonald murió antes de que su caso llegara a la corte.

De acuerdo con Jonathan Goldstein, el fiscal general a cargo de la investigación, la *Casino Control Act* era *"producto de intereses especiales que esperan beneficiarse con decenas de millones de dólares de ganancias a costa de nuestros ciudadanos que trabajan"*.

Punto por punto, las cláusulas más estrictas de la ley fueron eliminadas o ignoradas. Ni uno solo de los siete primeros casinos logró cumplir con los requisitos de la CCC para una licencia antes de su apertura. Aparentemente la mayor victoria del cartel de casinos tuvo con ver con los impuestos. *Resorts International* pagaba 22.5% de impuestos sobre las ganancias de su casino de las Bahamas. El gobernador Byrne pedía el 16%. Los intereses para los casinos acabaron siendo solo 8%, y si tenían deudas se sustraían de eso. (En otras palabras, los ciudadanos de Atlantic City tendrían que subsidiar las excesivas políticas crediticias de la industria de casinos, incluso para los criminales).

Se dice que confiar la integridad y la honestidad de un casino a un político de Nueva Jersey sería lo mismo que confiar el cuidado de un rebaño de ovejas a una manada de lobos.

Yo no puedo hablar al respecto, pero sí puedo decir que a lo largo de los años ha habido más de un suceso que involucra a la CCC y que pone en duda su credibilidad. Y eso empezó desde sus inicios.

Dennis Gomes

El Señor Gomes se había mencionado en otra sección del libro, pero en realidad pertenece a ésta, porque es una de las grandes historias de éxito de la industria del juego. Gomes empezó en el sistema de aplicación de la ley. En 1970, inesperadamente Michael O'Callaghan fue electo gobernador de Nevada. Hasta  su elección, el gobierno de Nevada había estado bajo el control de la industria del juego de azar. O'Callaghan no había aceptado ningún dinero por parte de la mafia o del juego y quería limpiar a la industria, al menos hasta lograr que el estado recibiera lo que le correspondía por concepto de impuestos. Para conseguirlo, a principios de 1970 nombró a Dennis Gomes (un hombre que no tenía nexos previos con la industria del juego de azar) para el cargo de Chief of the Audit Division of the Nevada Gamming Control Board (Jefe de la División de Auditoría de la Junta de Control de Juego de Nevada). Su misión era limpiar a Las Vegas de la influencia de la mafia.

Luego de su nombramiento, Gomes se puso a trabajar y expuso públicamente varias ilegalidades y estafas en los casinos de Las Vegas, incluyendo el famoso caso que ocurrió en el *Stardust Casino* y que luego se convirtió en la trama de la película *Casino*. Orgulloso de sus logros, Gomes continuó trabajando duro en su cargo de 20,000 dólares anuales, hasta que un día se topó con los obstáculos que una nueva administración había puesto en su camino, y cuyas campañas posiblemente recibían apoyo de la mafia.

En palabras del propio Gomes: de pronto *"se volvió muy difícil obtener acusaciones para algunas de esas personas. Yo luchaba y luchaba y súbitamente llegó un nuevo gobernador que era más —suave— respecto a esos asuntos, y un nuevo presidente que en realidad nos obstaculizaba. Decidí irme de Nevada. Nueva Jersey acababa de aprobar una ley de juego y me pidieron que fuera y me convirtiera en jefe de la Special Investigations Bureau of the Division of Gaming (Agencia de Investigaciones Especiales de la División de Juego de Azar)".*

Era 1977 y los casinos acababan de llegar a Nueva Jersey. La CCC del estado tenía dinero para gastar y una celebridad de la talla de Gomes parecía la opción perfecta para que la industria consiguiera la imagen de absoluta limpieza. Robert Martinez, el recién nombrado director de la DGE viajó a Las Vegas para contratar a Gomes y ofrecerle el doble de su salario, y éste no tardó en aceptar. El 27 de septiembre de 1977 renunció a su puesto en Las Vegas y se dirigió a Nueva Jersey. La CCC dijo a Gomes que le daría rienda suelta y un grupo especial de trabajo. "Nos dijeron que tendríamos total autonomía para nuestros procesos de investigación," aseguró.

Desafortunadamente para él, las cosas no salieron como esperaba. Por un lado, su jefe, Martínez, resultó ser un hombre al que le gustaba salir por las noches y a veces llegaba a la oficina con un olor y un aspecto terribles, además de que premiaba a los agentes de la DGE llevándolos al distrito de mala reputación de Trenton para que consiguieran chicas.

Gomes tenía peores problemas que ese. Como cabeza de la agencia de investigaciones especiales, una de sus primeras misiones era la de conducir una investigación para las solicitudes de licencias de *Resorts International*, la compañía que había sido fundamental para legalizar los casinos en Atlantic City. Había mucha presión para que dicha investigación se hiciera rápidamente. Con su profesionalismo habitual, Gomes empezó a revisar un informe acerca de que *Resorts Hotels* había realizado pagos ilegales a los políticos de Bahamas.

Cuando fue discretamente a Bahamas y allanó el *Resort Casino*, encontró cajones llenos de evidencia que sugería el pago de sobornos a funcionarios de Nueva Jersey que habían conducido el referéndum que logró aprobar el juego de azar en casinos en el estado y que habían estado involucrados en la redacción de la misma ley para el control de casinos. Encontró numerosas comunicaciones entre Steven Perskie y su tío Marvin (mismo que estaba en la nómina de *Resorts*) que indicaban que habían mantenido una constante discusión sobre el control del negocio de los casinos. Evidencia adicional sugería que Resorts obtenía 24 millones de dólares de fuentes estrechamente relacionadas con la pandilla de Meyer Lansky. El gerente del casino *Resorts Bahamas* era Eddie Cellini, que había sido vetado de Gran Bretaña cuando se supo que había trabajado bajo órdenes directas de Meyer Lansky intermitentemente los últimos 30 años.

Esos hallazgos sellaron el destino del Señor Gomes. Su grupo especial de trabajo fue rápidamente desmantelado y él quedó encadenado a su escritorio.

John Degnam, procurador general y último jefe de Gomes, tiempo después cuestionó la solicitud del Resorts, argumentando 17 objeciones serias que incluían soborno a funcionarios del gobierno, relación directa con gánsteres y lavado de dinero. Byrne, el gobernador de la CCC las ignoró todas y aprobó la licencia de manera unánime. Steve Perskie protestó contra el procurador general por haber sometido a *Resorts* a una experiencia tan desagradable. El fiscal que había presentado el caso del estado contra la aprobación de dicha licencia, simplemente explicó, "era políticamente conveniente".

Más tarde, Gomes cambió su discurso. Dijo:

"Cuando era joven era muy idealista y pensaba que si tenías un trabajo, eliminar el crimen organizado, por ejemplo, era fácil. Solo hacías tu trabajo y todos contentos. Pero al final lo que aprendí fue que las personas a las que perseguía no eran tan malas como algunos de los jueces y políticos que andan por allí, y que nada es lo que parece. Pensé en entrar en el negocio de los casinos porque al menos allí, el denominador común es obtener ganancias. Entonces ésa es una decisión fácil y muy clara". Y eso es lo que hizo.

Luego de que la CCC de Nueva Jersey le cortara las alas, Gomes volvió a Las Vegas y entró al sector privado. Su primer trabajo fue vicepresidente ejecutivo del *Frontier Casino*, en donde aumentó las utilidades en un 400%. Antes del final de su carrera, trabajó como presidente de 14 casinos por los Estados Unidos, incluido el *Taj Mahal* de Trump en Atlantic City. Trump le pagó 1.2 millones de dólares durante su primer año como presidente del mismo.

Coronó su carrera en 2010 con la compra del *Resorts Casino Hotel* en Atlantic City —el mismo lugar de su investigación frustrada 20 años atrás.

Gomes cooperó en 1986 con el FBI con la investigación y eventual acusación de algunos miembros importantes de la familia criminal Calabrese, llamada la operación de los secretos familiares. En aquel entonces, Gomes, quien estaba metido de lleno en el negocio del juego de azar en Nueva Jersey, no estaba dentro de la esfera de influencia Calabrese. Sin embargo solicitó,

---

* Esta es la cita completa. La versión que aparece en varios sitios de Internet ha sido modificada y censurada.

como condición para su testimonio en 2007, que el FBI lo citara a declarar, de manera que otros individuos de la mafia no fueran a pensar que él se iba a ofrecer para declarar en contra de ellos.

Dennis Gomes entró después de su muerte al "Salón de la fama del juego" y recibió la siguiente alabanza por parte del presidente de la *American Gaming Association* (Asociación Americana del Juego): "Cuando Dennis Gomes falleció a principios de este año, la industria de casinos perdió a uno de sus más creativos y atrevidos propietarios".

En cuanto a la regulación de casinos, a Steve Perskie le fue mejor. Una vez que el casino *Resorts* operaba bien y en orden y obtuvo su licencia, Perskie fue premiado con una magistratura y, cuando Joe Lordi renunció de la CCC, Perskie lo reemplazó como presidente.

Gobernador Thomas Kean

Thomas Kean fue gobernador de Nueva Jersey entre 1982 y 1990. Entre él y sus nombramientos en la CCC y DGE convirtieron a Donald Trump en el rey de Atlantic City. Trump tenía dos vías de acceso al gobernador Kean. Su mentor de antaño, Roy Cohn, fue un promotor de la campaña para la gubernatura y organizó una fiesta para recaudar fondos a la que asistió Trump. Otra pieza clave en la influencia de Trump sobre Kean fue Roger Stone. Este último manejó en 1981 la impresionante victoria de Kean para la gubernatura, tomando en cuenta que venía desde muy atrás.

Stone utilizó tácticas de intimidación para que Kean fuera electo. Envió cartas desafiantes a 45,000 ciudadanos de las minorías y formó una "fuerza de seguridad para la votación", que consistía en policías fuera de servicio armados y con bandas en los brazos que fueron contratados para patrullar las casillas e intimidar a los votantes en los vecindarios de las minorías. La demanda civil contra el *Republican National Committee* (RNC) (Comité Nacional Republicano) que fue interpuesta después de la elección dio como resultado que el RNC tuvo que prometer que no volvería a utilizar tácticas para intimidar a los votantes demócratas. Stone siguió siendo asesor extraoficial del gobernador Kean incluso luego de ser contratado por la organización Trump en 1984.

Para 1986 la CCC estaba prácticamente integrada por miembros asignados por Kean. Cuando Trump intentaba obtener la renovación de su licencia para el *Trump Marina* en 1986, se encontró con un problema. Cuando compró el *Hilton's Casino* (más tarde *Trump Castle*), adquirió la responsabilidad de aportar 11.7 millones de dólares para mejorar una carretera de la localidad. No tenía intenciones de pagar ese dinero e intentó dirigir la culpa a Hilton, porque según él no le había informado. Al ser interrogado por la DGE aseguró que no sabía nada sobre eso, pero el organismo encontró evidencia incuestionable de lo contrario, en los documentos de *Dreyer & Traub*. A pesar de haber cometido perjurio en las audiencias, súbitamente la CCC y la DGE retiraron sus objeciones y Trump obtuvo su licencia.

La administración de Kean también otorgó oficialmente a Trump un contrato de 25 años para la renta de la marina, anteriormente propiedad pública, que estaba al lado del *Trump Castle*. Para ese momento estaba incumpliendo con su contribución para la mejora de la carretera. Adicionalmente, un grupo local competía contra él por la renta de la marina. Dicho grupo contaba con el apoyo del *Citizen's Advisory Committee* (Comité Asesor Ciudadano) —un grupo de intereses especiales establecido para

La "prueba" de que Trump no está con la mafia

asesorar al N.J. *Department of Environment Protection* (Departamento de Protección Ambiental de N.J.). Cuando el DEP eligió la licitación de Trump en lugar de la del grupo local, supieron que el proceso debía estar políticamente manipulado y demandaron a Trump quien llegó a un acuerdo por fuera de la corte.

La confusión de la CCC entre 'supervisar' y 'pasar por alto'

La CCC (Comisión de Control de Casinos) dio a Donald Trump una licencia preliminar para operar un casino en Atlantic City en 1982. La revisión de antecedentes de la DGE, en la cual estaba basada dicha licencia fue hecha tan rápidamente que ni siquiera incluyó una conversación superficial con Ed Korman, el procurador general que había conducido una investigación al proyecto *Penn Central* de Trump. El sujeto de la investigación era un supuesto desacuerdo entre Trump y David Berger, abogado de los accionistas de *Penn Central*. Tampoco consultaron al procurador general John Martin, que investigaba el acuerdo del Hyatt.

Barrett menciona varias maneras en las que Trump respondió a las preguntas de la solicitud de licencia y que podían haber engañado a los investigadores de la DGE, tales como el hecho de omitir los cargos previos por discriminación racial, así como una investigación federal sobre robo y corrupción en la que fue citado a testificar. Dichas averiguaciones fueron reportadas en la prensa y no es posible que fueran desconocidas para el DGE o la CCC. La ley de control de casinos requiere que las solicitudes para licencias incluyan tales investigaciones. (Ver Barrett).

Una de las omisiones más serias de Trump fue no revelar su acuerdo de negocios con Kenny Shapiro. Los nexos de Trump con Shapiro y otros relacionados con la mafia fueron descritos en las secciones "Kenny Shapiro", "Danny Sullivan" y "Relación de la mafia con los casinos de Trump". Cuando le preguntaron acerca

139

de Shapiro y Sullivan en las audiencias para la licencia en 1982, O'Brien relata en *TrumpNation* que Trump dijo: "no creo que esas personas tengan nada malo. Muchos de ellos han estado por años en Atlantic City y creo que tienen buena reputación". Luego de 2 horas ante la CCC, Trump obtuvo su licencia. (Las audiencias normalmente tardan cinco meses).

Shapiro y Sullivan reportaron a la prensa en entrevistas separadas que Trump se reunió con ellos en su oficina de Nueva York en 1982 cuando estaban en contacto constante para hablar acerca de la renta del Plaza y del estacionamiento en el que Trump estaba interesado. Ambos declararon por separado que Trump había considerado canalizar contribuciones para la campaña del alcalde Matthews a través de subcontratistas de edificios de Nueva York. Cuando se dio cuenta de que esa idea no era factible, se supone que Trump sugirió que Shapiro diera 10,000 dólares, mismos que Trump luego le pagaría. Aparentemente Shapiro hizo la donación pero nunca le pagaron de vuelta. (Ver Barrett, p. 235).

De acuerdo con fiscales federales, Nicky Scarfo había canalizado 150,000 dólares hacia la campaña para la elección de Matthews y éste ya estaba en deuda con él desde antes de ser electo. Después de la elección, Shapiro se convirtió en el vínculo entre Scarfo y Matthews y se reunía con el último casi cada fin de semana.

Y entonces, cuando surgió el asunto de los derechos del Trump Plaza ante los 5 comisionados de Atlantic City ese año, ¿fue sorpresa que Matthews inmediatamente lo defendiera, incluso cuando se había opuesto a propuestas similares en el pasado?

Otra seria omisión en su solicitud de licencia fue la relación de Trump con John Cody. (Ver la sección sobre John Cody).

La CCC también ignoró aparentemente los contactos de Trump con la mafia cuando le otorgó la licencia para operar el Trump Plaza, la semana antes de la apertura del mismo en mayo de 1984. Según el *New York Times*, esa audiencia duró solo siete minutos.

El año siguiente, en 1985, la CCC tomó a todos por sorpresa cuando negó a Hilton una licencia de juego de azar. Hilton tenía un nombre estelar en el negocio de la hotelería y había supervisado la construcción de un casino-hotel, en el distrito de la marina, en Atlantic City que casi estaba terminado al momento de la decisión de la CCC. De acuerdo con Carl Seitz, uno de los comisionados que votó en contra de otorgar a Hilton la licencia, aseguró que el motivo era "una actitud arrogante hacia los asuntos de la Comisión". Los dos asuntos resultaron ser que la firma había contratado a un abogado de Chicago que tenía supuestos vínculos con el crimen organizado y una investigación corporativa interna por supuesta conducta inadecuada por parte de unos ejecutivos de Hilton en San Francisco. Sidney Korshak, el abogado de Hilton, sí estaba estrechamente relacionado con la mafia. La empresa hotelera lo contrató por 50,000 dólares anuales para que estuviera disponible para "solucionar" cualquier problema laboral en sus hoteles cuando fuera necesario. Korshak rara vez hablaba con los altos ejecutivos de Hilton y en aquel tiempo no tenía nexos con Atlantic City.

Para ver la comparación con Trump y sus lazos con Roy Cohn, regrese a la sección sobre Roy Cohn. Éste era abogado de tantos sujetos de la mafia, que sería difícil encontrar una celda lo suficientemente grande como para encerrarlos a todos. Cohn incluso fue anfitrión de reuniones de la comisión de la mafia en su departamento. Y testificó que Trump lo llamaba entre 15 y 20 veces por día. Lo irónico es que Cohn estaba relacionado hasta con Korshak. Resulta que éste último fue el abogado en el turbio asunto del estacionamiento donde Cohn estaba implicado. (Ver también Barrett).

Entonces, ¿cómo fue que la relación de Hilton con Korshak le costó la licencia del casino a Hilton, mientras que la de Trump con Cohn ni siquiera provocó que alzaran una ceja?

Y además de Cohn, Trump tenía muchos otros contactos con la mafia que tendrían que preocuparle, incluidos Kenny Shapiro, John Cody y Danny Sullivan. La CCC aparentemente estaba dispuesta a hacerse de la vista gorda con respecto a todos ellos, por el bien de Trump.

En el preciso momento en que la licencia de Hilton fue negada (28 de febrero de 1985), Trump adquirió el casino casi en su totalidad (incluyendo a sus empleados, contratados y entrenados). La licencia de Trump fue aprobada y el nombre de la propiedad de Hilton pasó a ser *Trump Marina*. Poco tiempo después el alcalde Matthews fue acusado y obligado a renunciar de su cargo. Pero la CCC continuó tratando muy bien a Trump.

En 1990, Trump estaba de nuevo en malas condiciones financieras; era incapaz de hacer el pago de un crédito del *Trump Castle Casino*, en Atlantic City. Pidió la ayuda de su padre y se hizo un misterioso préstamo. Papá Fred fue a Atlantic City y compró 700 fichas grises, cada una con un valor de 5,000 dólares. Esto era ilegal por tres razones. Primera, cualquier préstamo semejante a un casino tiene que ser reportado por adelantado. Segunda, Fred no tenía la intención de jugar con esas fichas. Y última, Fred no tenía permiso de actuar como fuente financiera de un casino. Esto surgió meses más tarde cuando fue publicado en el *New York Times*. La DGE lo verificó más adelante, pero fue prácticamente ignorado por la CCC.

Por qué los australianos rechazaron la licitación del casino de Trump

Un año después de que Trump recibiera su licencia de la CCC, unos funcionarios australianos, que conducían una investigación sobre la capacidad de Trump para operar un casino en Sydney, obtuvieron acceso a las transcripciones de vigilancia del FBI sobre unas conversaciones entre Trump y Anthony "Fat Tony" Salerno. El reporte del FBI indicaba que Trump había conocido a Salerno por medio de su amigo mutuo, Roy Cohn.

Revisar esa sola llamada telefónica fue suficiente para convencer a los australianos de negarle a Trump la licencia del casino.* La misma transcripción del FBI estuvo a disposición de la DGE y la CCC.

La CCC y el cartel de drogas colombiano

Una supuesta negligencia de la CCC fue mucho más allá del manejo de la solicitud de la licencia de Trump. En los años 80's, el cartel de drogas de Medellín era el mayor y más violento productor de cocaína de Colombia. Faramalla Janna (en la foto) controlaba la segunda mayor cuenta de banco conocida del cartel. Janna tenía su base en el Caribe, el *Aruba Concorde Casino*, junto con otras en Las Vegas y en las Bahamas, para lavar millones de dólares de cocaína para el cartel de Medellín. A los casinos les gustaba mucho que él fuera y jugara porque parecía ser inmensamente rico pero era un jugador relativamente malo y se podía contar con que perdería grandes sumas sin protestar.

Janna llamó la atención de la CCC de Atlantic City cuando la *Pratt Hotel Corp.*, propietarios del *Sands Casino* de Atlantic City, ganó una licitación para manejar el anteriormente mencionado *Aruba Concorde Casino*. Ron Goldstein, jefe del equipo administrativo de *Pratt A.C. Sands*, estuvo a cargo del contrato de Aruba. Según las leyes de juego de azar de Nueva Jersey, semejante operación dispararía una investigación inmediata para asegurar que no habría criminales involucrados. Goldstein contó a la CCC que habían encontrado un desorden en el casino de Aruba

* Reportaje de Daniel Hopsicker en el *MadCowNews*, 9/03/2016.

pero lo estaban ordenando y pronto lo tendrían "bajo los estándares de Nueva Jersey". Los investigadores que fueron enviados a
Aruba por la CCC escribieron el siguiente reporte:

"Extrañamente cada vez más dinero empezó a llegar para
ser lavado en Aruba. Bajo la administración de *Sands*, Janna se
convirtió en el mayor jugador del *Aruba Concorde*. El casino le
extendió un crédito por 1 millón de dólares al menos cinco veces
en el verano y en el otoño de 1986. Cinco meses después de que
Sands empezara a manejar el *Aruba Concorde*, Janna voló a Atlantic City en donde los *Sands* lo trataban como el "jugador favorito".
Luego de perder durante algunos días en el *Sands*, fue a jugar otra
semana al *Caesars*".

Mientras esto sucedía, otra escena se desarrollaba. El multimillonario venezolano dueño del *Aruba Concorde* casino, un
banquero llamado José Joaquín González Gorondona Jr., estaba
rindiendo su declaración en un juicio por un supuesto despido
injustificado ante el abogado del ex-director del casino, Leon
Samburg. Éste sabía más sobre Janna y sus vínculos con las drogas, que el mismo Gorondona, el dueño. Pero Gorondona sabía
suficiente. La rama de Miami de su banco personal también era
uno de los destinos a los que llegaba el dinero del cartel para ser
lavado, y Janna controlaba una gran cuenta de banco del cartel
colombiano.

El dinero del cartel también era transferido desde el casino
de Aruba al *Sands*, en Atlantic City, como una efectiva manera de
lavarlo. El 22 de enero de 1987, Janna transfirió 655,000 dólares
desde dos bancos de Miami hacia otra de sus cuentas en el banco de Aruba. Al día siguiente, el casino *Aruba Concorde* escribió
cuatro cheques a nombre de Janna, mismos que fueron enviados
de vuelta a Florida para ser depositados en otra cuenta controlada
por Janna. Lo que hacía era crear un rastro de documentos que
cubriera la fuente verdadera de esos fondos. Una investigación
de la DEA (Drug Enforcement Administration) (Agencia Anti

Drogas) realizada el año siguiente reveló que decenas de millones de dólares eran lavados entre las diferentes cuentas de Janna. El *Aruba Concorde*, bajo la administración del equipo *Sands*, estaba lavando dinero del cartel y enviaba una parte de vuelta directo a éste.

La policía nacional de Colombia tenía identificado a Janna como traficante de cocaína y marihuana desde 1985 y tenía un gran expediente sobre él. La DEA de EUA también tenía el suyo. Según el abogado de Janna, tanto el gerente de crédito de Pratt como el director de finanzas que el grupo *Sands* asignó en Aruba sabían que Janna manejaba dólares de la cocaína. Los millones de dólares de sobornos que recibió en enero y febrero de ese año fueron suficientes para que no quedara ninguna duda.

El crédito de Janna siguió siendo muy bueno en Aruba, aun cuando debía 3 millones en un casino de Las Vegas. El equipo *Sands* incluso nombró a Janna su "agente" encargado de reclutar jugadores de Colombia y cobrar sus deudas colombianas. Por esa época, el gerente de crédito del *Sands* de Aruba cobró una jugosa comisión.

La investigación de Gorondona del casino de Aruba reveló la mayoría de lo anterior y como resultado, el grupo *Sands* fue despedido y en seguida lo demandó por no notificárselo con anticipación. En las audiencias, se fueron descubriendo todos los hechos, como también algunas diferencias entre los miembros del *Sands* y Janna —éste fue grabado en video haciendo trampa en las cartas y supuestamente el grupo *Sands* le permitía ganar ilegalmente. Nick Ribis, abogado de Gorondona y también de Trump, envió copias de su testimonio, así como de la mayoría de las pruebas de dichas audiencias al *Department of Gaming Enforcement* (Departamento de Regulación de Juegos) de Nueva Jersey. La intención de este acto no fue noble en absoluto; desde el punto de vista de Trump, esto puede interpretarse como una forma de crear obstáculos para su competidor en Atlantic City. La información muestra las grandes cantidades de dinero que entraban y salían del casino *Sands* para beneficio de Janna, así como las inmensas sumas que simplemente "desaparecieron" del casino de Aruba mientras éste estuvo administrado por la gente de *Sands*. También hubo pruebas de que se mencionó que la DEA había congelado las cuentas bancarias de Janna.

A pesar de la contundente evidencia de que el casino Sands hacía favores para el cartel de Medellín, nadie de la CCC hizo nada al respecto. Poco después, Janna volvió a su casa de Colombia y estuvo a punto de morir cuando una bomba explotó afuera de su residencia. Después de ese incidente decidió desaparecer. (Este incidente está reportado en su totalidad en el capítulo 17 del libro *Johnston's Temples of Chance*).

Después de una omisión de esta naturaleza, alguna otra persona además de Roger Stone, ¿podría llegar a pensar que el suave paso de Trump por la CCC y su solicitud de licencia, acaso constituye alguna garantía de su virtud?

6

Los casinos de Atlantic City

"La gente piensa que soy un jugador. Nunca en mi vida he jugado.
Para mí, un jugador es alguien que juega en las máquinas
tragamonedas. Yo prefiero poseerlas. Son un excelente negocio".
—Donald Trump

El Señor Trump se ha vuelto muy famoso, en gran parte, debido a sus contactos con el juego de azar a nivel profesional. En repetidas ocasiones ha tenido cinco casinos en Atlantic City. Hasta donde se sabe, por ahora, ya no tiene intereses personales en la operación de ningún casino. Sin embargo, algunos de sus mejores amigos y defensores, tales como Carl Icahn y Phill Ruffin, sí están profundamente involucrados en la industria del juego de azar y han hecho grandes fortunas. Roger Stone sigue intentándolo. Sheldon Adelson, uno de los mayores donadores del Partido Republicano, ha obtenido más ganancias de los casinos que el resto de ellos combinados, y ha prometido apoyar a Trump si ganaba la nominación Republicana.

¿Y qué hay con eso? ¿Acaso alguien cree realmente que los casinos hayan desempeñado algún papel positivo en nuestra sociedad? ¿Alguien piensa que al menos hayan desempeñado uno neutral?

Incluso antes de la llegada de los casinos a Atlantic City, los especuladores lanzaban a la calle a miles de residente para vender las tierras a los desarrolladores, anticipando la llegada de los casinos. Varios de esos residentes ya vivían de la beneficencia. El tema de la vivienda para los más necesitados, ya de por sí muy escasa, se volvió crucial. Cuando finalmente llegaron los casinos unos años más tarde, los crímenes violentos se duplicaron y hasta se triplicaron. Lo que antes era una comunidad pobre, se convirtió en un tugurio. Lo que antes eran malas condiciones, se convirtieron en condiciones intolerables. A principios de los 70's, la vivienda para los ancianos de Atlantic City era bastante pobre e iba en deterioro. Los intereses de los casinos se aprovecharon del tema para obtener apoyo por parte de la comunidad, al prometer que resolverían esa situación.

Cuando se anunció la legalización de los casinos a los ciudadanos en 1977, se les informó que lo que ocurriría sería una "veloz remodelación de Atlantic City". El gobernador dijo que el éxito se mediría valorando si aquellos que implementarían la legislación de los casinos podían garantizar que "Atlantic City se convirtiera en un hogar para todos sus ciudadanos". Diez años después, un estudio llevado a cabo por la *Twentieth Century Fund* concluyó que no había ocurrido ni siquiera algo parecido a mejorar las condiciones de vida para los ancianos y los necesitados. "Los casinos eran fortalezas aisladas… en términos de revitalizar la ciudad, es un desastre". Durante el siguiente cuarto de siglo, la situación solo ha empeorado. En los últimos 40 años, los casinos han sacado 100,000 millones de dólares fuera de Atlantic City, y no ha habido ninguna "derrama". Ni una parte de ese dinero se invirtió en mejoras para el municipio. No existe evidencia de ningún beneficio positivo para la ciudad.

Hoy en día, por razones de seguridad, se le pide a los clientes de los casinos que no salgan de las instalaciones; en una visita reciente, salí a caminar por los alrededores. Los casinos son contenedores herméticos rodeados de pobreza, desesperanza, estacionamientos vacíos y edificios derruidos. Las bandas pelean entre sí en la *Pacific Avenue* a tan solo una cuadra del *Taj Mahal* de Trump y del *Resort Casino* de Steven Wynn —yo mismo presencié ese incidente en abril de 2016.

Existe un extraño debate entre los intereses del juego de azar, los políticos y casi todos los demás. Estudios en todo el mundo muestran incrementos en los niveles de crímenes violentos y la actividad de pandillas en todos los lugares en donde aparecen casinos. Otro estudio demuestra que, cuando un casino llega a una comunidad, se lleva mucho más de lo que deja. Aun así, los intereses del juego de azar continúan sonriendo e insistiendo que no existe ninguna relación entre los casinos y el crimen. Más aún, hacen su mejor esfuerzo para persuadir a las personas de que los casinos tienen un impacto positivo en sus comunidades.

En las secciones siguientes revisaremos el impacto real que los casinos tienen en las comunidades en general y, en Atlantic City en particular. No es una bonita imagen.

"Sin City" o La ciudad del pecado

No es coincidencia que los paraísos del juego de azar, como Las Vegas y Atlantic City reciban el apelativo de "ciudades del pecado". Este no es un libro que busque criticar a aquellas personas a las que les guste ir a Las Vegas o Atlantic City a jugar en un

casino, a ver mujeres desnudas o a relacionarse con prostitutas. Pero sí creo que, en especial cuando se trata de un establecimiento de juego de azar, hay que llamar a las cosas por su nombre.

Cubrir con una imagen nueva para ocultar lo que sucede realmente en lugares como Las Vegas y Atlantic City siempre ha sido una prioridad, primero para la mafia, y luego para el cartel de casinos. La parte más obvia es que ya ni siquiera lo llaman juego de azar. Ahora es "industria del juego". Han surgido muchos otros slogans bonitos y pegajosos, creados por los publicistas de la mafia:

"Lo que pasa en Vegas se queda en Vegas".
"Ya hemos limpiado Las Vegas. Ahora es para toda la familia".
"Lo que pasa en Atlantic City se queda en Atlantic City".
"Descuida, solo nos matamos entre nosotros".
"Los casinos se volvieron respetables cuando la mafia los vendió a Wall Street".
"La manera americana de jugar".
"Juego con responsabilidad".

Todas ellas son lindas frases pero "ciudad del pecado" es la única realmente descriptiva. Las siguientes secciones mostrarán lo que se oculta detrás de ellas.

Cero tolerancia hacia la prostitución

Aunque nunca se mencione en la publicidad de las marquesinas de los casinos de Las Vegas, Nevada es el único estado del país en el que comprar y vender sexo es legal, y puede hacerse libremente en las calles y en los burdeles. Técnicamente las prostitutas no deberían operar en *Clark County*, que es donde está ubicado el *Strip* —para que sea legal hay que ir una o dos millas por la carretera hasta cruzar la línea del condado. Pero la impresionante cantidad de salones de masajes y panfletos que anuncian "hábil masajista disponible para servicio hasta la habitación de su hotel", sugieren la verdadera historia. De acuerdo con un reporte de la *"Nevada Coalition Against Sex Trafficking"* (Coalición de Nevada contra la Venta de Sexo), la mayoría de la prostitución en Nevada ocurre justo en el *Clark County* —en las calles, en los bares nudistas y justo adentro de los hoteles/casinos de Las Vegas Strip. Nos guste o no, la prostitución es y siempre ha sido parte del ambiente de los casinos, incluidos aquellos de Donald Trump en Atlantic City.

Todavía no se ha inventado una prueba que pudiera determinar si una proclividad hacia tales actividades realmente corre por los genes Trump, pero sin duda el abuelo de Donald Trump sí sabía cómo convertir la piel rosada de una mujer en billetes verdes, como se describe en la sección sobre los antepasados de Trump. Hace algunos años fue encontrado un sitio en Atlantic City que traía docenas de hermosas mujeres asiáticas para prestar servicios de prostitución. La operación se manejaba en complicidad con 4 anfitriones y 2 directores ejecutivos de casinos.

Tomando en cuenta el hecho de que muchos clientes pagarían más por una jovencita que por mujeres de la noche más maduras, Atlantic City solo sigue el ejemplo de Las Vegas en donde la tendencia es hacia prostitutas más y más jóvenes cada vez. Los proxenetas operan en los alrededores de las escuelas locales de Las Vegas y reclutan a algunas de las chicas.

Es difícil encontrar absolutos en este mundo, pero aquí va uno de ellos: Todos los casinos de todas partes del mundo siempre han insistido en que hay "cero tolerancia hacia la prostitución". Entonces debe ser solo una coincidencia que muchas supuestas prostitutas (y sus administradores) lleven a cabo sus transacciones sin ser molestados dentro y alrededor de los casinos.

Un reporte de hace varios años indicaba que la policía de Las Vegas había arrestado a 127 prostitutas menores de 18 años en un lapso de 6 meses, además de que había descubierto a 368 prostitutas que tenían pruebas positivas de VIH. En un reporte relacionado de Atlantic City, en un periodo de dos semanas, 136 personas habían sido arrestadas por cargos de prostitución, de las cuales, más de la mitad (78), habían sido capturadas adentro de un casino.

En abril de 2016, en un viaje de investigación a Atlantic City, el segundo empleado con el que platiqué en el *Taj Mahal* de Trump, me dijo que no habría ningún problema para arreglar que una chica subiera a mi habitación (y ni siquiera estaba hospedado allí).

El verdadero impacto de los casinos en las economías locales

Hay una simple fórmula que el cartel de casinos utiliza para expandirse hacia nuevas comunidades. Luego de reclutar a varios seguidores con la ayuda de incentivos, llevan a cabo campañas masivas de publicidad para lograr resultados positivos en el estado, así como los referéndums locales que son requeridos para garantizar la legislación. Temas como contactos con la mafia, crimen o drogas son ignorados —las campañas buscan dirigir la atención pública hacia las ventajas positivas que supuestamente los casinos aportarán:

1. Lo primero y más importante, a la comunidad se le prometen mayores ingresos fiscales. Estos supuestamente servirán para aumentar los fondos para educación, infraestructura y vivienda. La realidad es que esto nunca sucede. De hecho, sucede justo lo contrario.*

* Ver los artículos de John Kindt, *The National Impact of Casino Gambling Proliferation: Hearing Before the House Committee on Small Business, 103rd. Congress, 2nd. Session 77* (1994) (El impacto nacional del la proliferación de los casinos: audiencia ante el Comité 103 sobre pequeños negocios, 2° congreso,

En la historia reciente, los contribuyentes han subsidiado directa e indirectamente todas las actividades del juego legalizado. Investigaciones de campo por toda la nación indican que por cada dólar que paga el juego legalizado por concepto de impuestos, normalmente al contribuyente le cuesta al menos 3 dólares —y se han llegado a calcular cifras más elevadas.

Estos costos hacia los contribuyentes se ven reflejados en:

- Nuevos costos de infraestructura que requieren los casinos y es pagada por la comunidad.
- Costos regulatorios relativamente más elevados (en Nueva Jersey estos incluyen los presupuestos de las CCC y la DGE).
- Aumento del costo del sistema de justicia criminal para combatir el crimen y las drogas que llegan por los casinos y,
- Aumento en costo de seguridad social para lidiar con la tasa de desempleo, la pobreza y la drogadicción que normalmente acompañan a la introducción de los casinos en una comunidad.

Esto significa que, incluso un 50% de impuestos sobre los casinos, representaría una pérdida neta para el ciudadano común y su comunidad.

2. Le prometen "muchos empleos nuevos" a la comunidad. Esto podría ser cierto, pero muchos, si no es que la mayo-

sesión 77); *The Negative Impact of Legalized Gambling on Business* (El impacto negativo de la legalización del juego de azar sobre los negocios); *U.S. National Security and the Strategic Economic Base: Impacts of the legalization of gambling* (la seguridad nacional de E.U.A. y la base estratégica de la economía: el impacto de la legalización del juego de azar).

ría, son para gente de fuera que tiene experiencia previa dentro de la industria del juego de azar. En Atlantic City, más del 50% de los trabajadores de los casinos viven fuera de la ciudad y hacen el recorrido todos los días.

Los vínculos de la mafia con los casinos de Trump

El juego de azar siempre ha estado estrechamente relacionado con la mafia, tanto antes como después de su legalización en Las Vegas. Cuando Carl Zeitz, un regulador de casinos de Nueva Jersey, explicaba la necesidad de "legitimar" el juego de azar en el estado, admitió cándidamente que los casinos y el juego de azar en Las Vegas estaban completamente financiados por la mafia y los sindicatos, y que el juego de azar controlado por la mafia también era una realidad en Nueva Jersey, antes de su legalización y después de la misma en 1976.

Los inicios del capítulo "legal" de la industria del juego de azar en Atlantic City fueron pintorescos y están explicados a detalle en la sección llamada *Casino Control Commission.* Aquí solo describiremos algunos de los lazos de la mafia con Donald Trump y sus casinos.

El violento gánster de Filadelfia, Nicky Scarfo, estaba ansioso porque el juego de azar fuera legal en Atlantic City. Inmediatamente después de su legitimación en 1976 formó la compañía *Scarf Inc.*, una subcontratista de concreto. (Ver la sección dedicada a Nicky Scarfo). *Scarf Inc.*, hizo el trabajo en cinco de los primeros nueve casinos que se construyeron en Atlantic City. De acuerdo con los investigadores de la policía, las compañías que contrataban a *Scarf Inc.*, tenían que pagar por trabajadores que no existían, pero eso les garantizaba tener "paz laboral" en sus obras.

Cuando el juego de azar en los casinos se legalizó en Atlantic City, casi todas las familias de la mafia de la costa este pusieron sus vistas en los sindicatos de esa ciudad. Los sindicatos tenían poder porque podían organizar huelgas. Una huelga de cocineros o de guardias de seguridad, por ejemplo, podía prácticamente suspender las operaciones y costarle un millón de dólares diarios a la gerencia. Ese era un gran poder de negociación, pues lo último que quería el dueño de un casino eran problemas laborales. Uno de los peores buitres era un hombre llamado John McCullough, un rudo y violento jefe del *Roofers Local 30* (Sindicato de Trabajadores de Techos) de Filadelfia. Éste organizó una toma de posesión del sindicato local que era más débil y se lo anexó luego de una serie de incendios e incidentes violentos. Así obtuvo el control del Building Trades Council (Consejo de Construcción) que le dio el poder sobre todos los sindicatos de construcción en la ciudad, y con ello, posibilidades ilimitadas de extorsión.

Pero McCullough quería más. Empezó su propio sindicato de trabajadores de bares (Local 419) y lo usó como punto de partida desde el que saqueaba a miembros del Local 54 de *Hotel & Restaurant Employees & Bartender Union* (Empleados de Hoteles, Restaurantes y Bares). Este sindicato Local 54 controlaba a todos los trabajadores de bares, meseros, meseras, botones y camaristas de Atlantic City (incluidos los casinos) y estaba controlado por Scarfo a través de su amigo y subordinado Frank Gerace. A Scarfo no le gustó que McCullough se metiera por la fuerza en su territorio. Luego de persuadir al jefe criminal Genovese, Phil Testa, de que McCullough tenía que irse, Scarfo envió a 3 asesinos a sueldo para que lo mataran en su casa de Filadelfia en diciembre de 1980. Scarfo no tardó ni un segundo en recuperar a los empleados de los bares.

La influencia de Scarfo se extendió hasta las oficinas de alcalde. Michael Matthews, el alcalde de Atlantic City, se reunía a menudo con integrantes de la familia criminal de Scarfo luego de su elección en 1982. El buen alcalde luego fue acusado de recibir 10,000 dólares de un agente encubierto del FBI que creyó que era socio de Scarfo, a cambio de arreglar la venta de un terreno que era propiedad de la ciudad y estaba autorizado para desarrollar casinos.

Trump tenía nexos con Scarfo incluso antes de su búsqueda de casinos en Atlantic City. Pero estos se multiplicaron en cuanto se interesó seriamente en el juego de azar. (Estos nexos se exploran profundamente en el libro de Wayne Barrett).

Mucho antes de que Trump llegara a Atlantic City en busca de propiedades para construir casinos, los mejores terrenos ya habían sido adquiridos por los especuladores. Un terreno en particular en el que Trump estaba interesado incluía una parcela que bordeaba directamente el *Boardwalk* y era propiedad de un grupo local llamado *Magnum*. Los tres grupos de propietarios de ese terreno estaban relacionados con Scarfo. Un primer grupo era un pequeño bufete legal que representaba a un significativo número de individuos de la mafia, incluido Saul Kane, mismo que eventualmente sería acusado de manejar el imperio multimillonario de metanfetaminas de Nicky Scarfo. El bar de Kane, que estaba en medio del terreno, era uno de los sitios favoritos de Scarfo. El segundo dueño del futuro terreno de Trump era Gene Alten, quien siempre había querido construir un casino, pero nunca había podido llevar a cabo su proyecto. Cuando estuvo ante el posible desalojo de su propiedad por parte del banco, Alten aceptó 110,000 dólares de *Cleveland Wrecking Corp.*, una compañía de demoliciones que casualmente estaba trabajando al mismo tiempo en el proyecto de Trump del Hyatt, en Nueva York. El tercer inversionista era SSG, Inc., una sociedad entre Danny Sullivan, un amigo de Alten que aseguraba ser miembro de treinta y siete sindicatos locales y dos depósitos de chatarra en Filadelfia. El administrador de SSG (y su fuerza principal) era Kenny Shapiro.

Más adelante, Shapiro sería identificado por los reportes de la policía como "el negociador de la mafia" de Atlantic City en los 80's. Shapiro era quien controlaba los intereses secretos de Scarfo en *Cleveland Wrecking*. La oficina de dos pisos de Shapiro cerca del *Boardwalk* se convirtió en un oasis para los criminales que visitaban la ciudad. Shapiro canalizaba dinero de la mafia de Filadelfia hacia docenas de negocios inmobiliarios en los 80's en la ciudad y, eventualmente, se descubrió que era hijo del jefe de la mafia Nicky Scarfo. (Ver la sección sobre Ken Shapiro).

Esta pandilla de criminales fue con la que Trump trataba directamente. Si cualquiera de sus identidades hubiera salido a la luz ante la CCC, hubieran sido bases más que sólidas y suficientes para negarle la licencia. Pero tan seguro estaba Trump de que podía manejar "políticamente" el tema de la misma que, en vez de comprar la tierra (y cortar así sus nexos con la mafia) decidió rentarla inicialmente por 99 años.

En las secciones siguientes se explica por qué estaba tan seguro.

Actualmente Scarfo cumple una sentencia de 55 años en una prisión federal, luego de su condena por actos criminales y conspiración que incluyó nueve asesinatos en 1988.

Lo que los casinos de Trump dejaron a Atlantic City

> *"He amado Atlantic City.*
> *Ha sido muy buena conmigo y yo he sido muy bueno con ella".*
> —Donald Trump

La *Casino Control Act* de Atlantic City a menudo es referencia como "el estándar de oro de las regulaciones de juego de azar". Sus allegados orgullosamente hacen alarde de que "Nueva Jersey le dio legitimidad a la industria del juego". Quizá así sea, pero solo alguien con una visión de mundo muy cínica presumiría al respecto.

La pregunta verdadera es, ¿qué hizo por Atlantic City esa famosa legislación de Nueva Jersey? ¿Y qué pasa con otras comunidades en las que han proliferado los casinos luego de su "legalización"? ¿Qué les ha aportado? Estudios en todo el mundo, desde Filadelfia, India, Filipinas, Macao, las Bahamas, sin mencionar Las Vegas y otra docena de estados de Estados Unidos, reportan que la introducción de casinos en una comunidad siempre ha estado acompañada por un aumento significativo de los niveles de violencia. Esto no es una coincidencia. Es causa y efecto. Los casinos, incluidos los cinco de Trump, resultaron muy costosos para Atlantic City.

A continuación presentamos las condiciones existentes al momento del auge de los casinos de Atlantic City, al igual que algunos hallazgos y conclusiones más amplias acerca de los efectos de los casinos.

1. Atlantic City experimentaba una vasta epidemia de SIDA. 1 de cada 40 residentes estaba infectado con el virus.

2. Una redada de dos semanas por los casinos resultó en el arresto de 136 personas por cargos relacionados con prostitución. Más de la mitad (78) fueron capturadas dentro de los casinos.

3. La policía del estado reportó que una banda llamada *Bloods Street Gang* manejaba a las prostitutas en los casinos y en las calles de los alrededores.

4. Un empleado de un casino se declaró culpable de ser parte de un grupo de prostitución que reclutaba a jóvenes asiáticas y vendía sus servicios a clientes importantes. Cuatro empleados más fueron arrestados por cargos relacionados.

5. El operador de otro negocio de prostitución que daba servicio a los casinos desde un burdel en Filadelfia fue sentenciado a 27 meses en prisión por llevar jovencitas a los clientes. Los anfitriones arreglaban las habitaciones, la comida, el entretenimiento y otros servicios para los clientes importantes. Dos cómplices fueron acusados por cargos relacionados.

6. La sabiduría popular que decía que el desempleo en Atlantic City era resultado de la "apertura de demasiados casinos en el noroeste y el mercado se había saturado" es falsa. El desempleo en el condado fue el más alto del estado incluso antes de que los casinos empezaran a cerrar. También durante el apogeo de los casinos, el desempleo entre la población pobre y mayoritariamente afroamericana e hispana nunca estuvo por debajo de 20%. De los 36,000 "nuevos empleos" creados por los casinos, solo 6,000 fueron para los residentes de la ciudad, pero la cifra neta de desempleo bajó solo en 1,200 porque la mayoría de los que fueron contratados estaban cambiando sus empleos como maestras, enfermeras o secretarias a repartidoras de cartas, meseras y otros empleos bien remunerados.

7. A los habitantes de Atlantic City les prometieron que el auge económico generado por los casinos sería utilizado para proporcionarles vivienda a bajo costo. En lugar de eso, 5,000 unidades de viviendas de bajo costo fueron destruidas cuando los especuladores desalojaron a sus habitantes para hacer espacio para casinos y condominios con vista al océano. Los pobres de la ciudad se convirtieron en los títeres del juego de la especulación. Los casinos fueron dueños de las principales propiedades de la ciudad —además de que también fueron los principales terratenientes de los tugurios.

8. Un residente local cuyos padres trabajaron para la campaña que hizo el referéndum para legalizar los casinos, lo describe perfectamente: "Lo que me viene a la mente cuando pienso en Atlantic City es: vinieron, saquearon todo lo de valor, y luego se fueron. Construyeron esas cajas y pusieron dentro de ellas todo lo que quisieron y esperaban que te quedaras dentro de la caja. Así es que, la visión de mi familia especialmente de mi madre, que pensaba que lo que iba a pasar con el juego de azar en los casinos era que ellos llegarían y restaurarían Atlantic City, no fue cierta. No hicieron nada".

9. Atlantic County (el condado de Atlantic City) tenía el mayor número reportado de violaciones por drogas (heroína) y el mayor número de centros de rehabilitación de estado.

10. Atlantic City tenía el índice más alto de criminalidad de cualquier ciudad de casinos de EUA. En 2010, la cifra por cada 1,000 habitantes fue de 19.7 crímenes violentos, cifra que ni siquiera Detroit pudo igualar (18.9). En comparación, Las Vegas tiene 36 veces el número de habitantes de Atlantic City y aún así su índice de crímenes violentos es de tan solo la mitad.

11. Los funcionarios de turismo de Atlantic City no quedaron muy contentos con los resultados de seis encuestas de la ciudad que proporcionaron un panorama general de "*Atlantic City, el área de juegos favorita de América*", cuando los grupos encuestados concluyeron que el destino de casinos de Nueva Jersey "tenía problemas de drogas", "mucha gente pobre" y "estaba lleno de crimen".

12. De acuerdo con un estudio sobre el crimen en los casinos conducido en 2012 por investigadores de la universidad de Maryland, el veloz crecimiento de casinos en Atlantic City en 1980 estuvo acompañado por un inmediato

aumento en el índice de criminalidad del 100 por ciento en un radio de 16 kilómetros alrededor de los casinos.

13. El alcalde actual de Atlantic City dijo en un foro en St. Peter's College en 2016: "Poner casinos en una comunidad conlleva crímenes que incluyen prostitución y drogas y causan tantos problemas como beneficios".

14. Dan Keating, gerente y operador del casino Wynn Resorts, señaló que a menudo los operadores de los casinos prometen que éstos crearán empleos y ayudarán al desarrollo de las comunidades circundantes. Pero fue más sincero: "nadie debería esperar o planear que un casino aporte renovación urbana… porque eso no es a lo que se dedican los casinos".

15. Los economistas de la *National Association of Realtors* (Asociación Nacional de Agentes de Bienes Raíces) afirman que "el impacto de un casino en el valor de las propiedades vecinas es claramente negativo". De acuerdo con dicha asociación, los casinos "no fomentan la apertura de negocios no relacionados con el juego en sus cercanías, porque la gente que los visita no sale a recorrer otras tiendas y negocios. Un casino no es como un cine o un estadio deportivo, que ofrece diversión por tiempo limitado. Está diseñado para ser un ambiente totalmente absorbente que no suelta a sus clientes hasta que les ha quitado todo su dinero".

16. Casi cada experto que haya atestiguado ante el *U.S. House of Representatives Committee on Small Business*, (Comité de la Cámara de Representantes para Pequeños Negocios) ha criticado el impacto que las actividades de juego en casinos ocasionan en el sistema de justicia criminal, en la seguridad social, en los pequeños negocios y en la economía (audiencia del congreso de 1994). El uso de las actividades de juego de azar legalizado como

estrategia para el desarrollo económico fue fuertemente desacreditado durante la audiencia. Un reporte completo a nivel estatal de la *Florida Budgeting Office* (Oficina de Presupuestos de Florida) estuvo de acuerdo con las conclusiones de la audiencia del congreso, acerca de que la legalización del juego de azar no es ninguna solución para los problemas económicos de una comunidad.

17. *Casinoonnet.tv* es una plataforma en línea que está a favor del juego y que tiene una sección de "discusión abierta" sobre crimen, prostitución y drogas. Algunas citas de la página son: "Muchos criminales intentan lavar su dinero en los casinos... los casinos han probado ser un catalizador de muchos crímenes incluidos crímenes callejeros, drogas, prostitución y desfalco. Aunque este tema no se discute realmente en público, hay una alta incidencia de prostitución dentro de los casinos. El juego de azar es el ambiente perfecto para la prostitución. Algunos casinos proporcionan prostitutas para sus clientes importantes. Parece que las prostitutas son un factor que debe ser considerado dentro de cualquier ambiente de un casino".

18. Cuando los casinos empezaron en Wisconsin, el *Wisconsin Policy Research Institute* (Instituto de Investigación de Políticas) comisionó un estudio a tres partes sobre el crimen relacionado con los casinos, y encontró que "la existencia de un casino dentro de los límites de un condado llevó a un aumento en los índices de criminalidad a nivel del condado, además de un aumento de crímenes en los condados vecinos, como consecuencia indirecta". La información recabada mostró un incremento anual de 5,300 crímenes mayores y 17,100 crímenes menores con un costo asociado en 2001 de 51 millones de dólares para los contribuyentes de Wisconsin.

Conclusión:

Lo anterior evidencia el hecho de que los operadores de casinos llevan a cabo sus negocios prestando escasa atención a los efectos adversos que crean en las comunidades circundantes. "Mi casino es primero" podría ser el lema del cartel de casinos.

Trump no es el único operador de un casino. Pero sí es el único que se postula para presidente. Una de sus frases principales es "América es primero" que tiene una extraña semejanza con el lema del cartel de casinos.

Mientras que es correcto que un presidente americano convierta el bienestar de las personas en su prioridad número uno, si Trump decidiera empecinarse con algún tema político, al típico estilo de los operadores de casinos contra sus comunidades, el mundo podría rápidamente verse sumergido en un caos. Esa es otra de las razones por las que debería renunciar a sus negocios pasados como operador de casinos.

Las cualidades redentoras de los casinos, desde dentro

¿Existe alguna cualidad redentora en la industria del juego?
Irónicamente, la mejor respuesta proviene del tristemente célebre Frank "Lefty" Rosenthal, ejecutivo de casinos de Las Vegas y socio de la mafia.

Rosenthal manejó en secreto cuatro casinos de Las Vegas —*Stardust, Fremont, el Marina* y *Hacienda*— cuando la mafia los controlaba. Esto lo convirtió en uno de los operadores de casinos con más experiencia en la industria. Cuando la mafia lo culpó de problemas legales en los que incurrían los casinos en 1982, intentó "derrocarlo de su cargo corporativo" al colocar una bomba en el tanque de gasolina de su auto. El intento de homicidio falló; Rosenthal sobrevivió a la explosión y dejó Las Vegas poco tiempo después. Lo que sigue es parte de una entrevista que dio varios años más tarde.

¿Un cliente puede ganar en un casino?

"No hay una manera legal de ganar en ningún juego de azar o apuesta —o como quieras llamarlo— que yo sepa. Nunca he conocido a nadie que haya podido ganar de manera consistente, y esa es la palabra: consistencia. Cualquiera puede tener suerte, pero ¿puede mantenerla? Los casinos son la única industria en el mundo, que yo conozca, en la que el jugador (cliente) en verdad no tiene ninguna posibilidad, y la única que no requiere (para el negocio) ni conocimiento ni aptitud; el único prerrequisito es una licencia".

¿El juego de azar es bueno para América?

"Esa es una pregunta muy difícil de responder… como dije, vas a acabar con cualquiera que busque la parte divertida del juego o el reto. Si eres lo suficientemente tonto como para pensar que puedes vencerlo —si vas a Las Vegas, Nevada, con la idea de que vas a volver a casa con más de lo que te llevaste para ir allí, vas a tener un despertar muy difícil, y si continúas retándolo, probablemente acabes en una casa de asistencia… las personas que frecuentan los casinos en todo el país no entienden el poder que existe allí dentro, los centauros, es decir los bandidos de un solo brazo, las máquinas tragamonedas no pueden ser vencidas. El público es muy ingenuo".

¿Cuál es la contribución del juego de azar para la sociedad?

"Es la única industria que en verdad no deja nada a cambio. Por ejemplo: si compras una televisión marca Sony, obtienes entretenimiento. Si compro un auto que me guste, obtengo transporte. En todas las industrias obtienes algo a cambio. No sé qué puede darte a cambio el juego de azar, que no sea un dolor de cabeza y mucho peligro potencial".

"Si nos referimos al juego legal en el estado de Nevada, que es a donde la mayoría de las personas van para jugar a gran escala, no, hay muy poco que le sea devuelto a la sociedad y que sirva para algo. Creo que es demasiado unilateral, y pienso en la enorme cantidad de dinero que el público deja en los juegos de azar sin obtener nada a cambio, y hay muchísimas personas que lo hacen una y otra vez. Es una sociedad libre, y está bien. Pero son solo unas cuantas personas las que se benefician de los millones y millones de personas en todo el país (que dejan todo ese dinero en los casinos)".

"Tiene que haber un ciclo de regreso. Una vez más, podría parecer que no estoy a favor de una sociedad libre sino solo a favor del capitalismo —y sí lo estoy; somos demócratas, sin embargo, si el juego de azar, o la industria del juego devolviera algo de dinero para educación, carreteras, maestros de escuelas o policías, entonces creo que ciertamente sería mucho más sano, pero por ahora, es unilateral —muy, pero muy unilateral. Y los únicos ganadores son los principales operadores... esos son los únicos que ganan".

Arthur Anderson hizo una encuesta para el *American Gaming Institute* (Instituto de Juegos de Azar) y encontró que creaba muchas fuentes de empleo. ¿Estarías de acuerdo con él?
"Sí, crea fuentes de empleo; no hay duda sobre eso. Es un hecho... pero va más allá. También rompe muchos hogares. Hace que muchas personas acaben viviendo de la beneficencia pública. Los convierte en indigentes. Por lo que el final de esa frase, "crear fuentes de empleo" es incompleto; está fuera de contexto. Claro que crea empleos, pero tiene muchas más repercusiones".

¿Quiénes son los ganadores?
"Los principales operadores de los casinos son los ganadores, punto final. Los estados y gobiernos locales solo reciben migajas, en mi opinión".

Los casinos de Trump y las drogas

Trump asegura que nunca ha probado las drogas y no hay razón para dudar que diga la verdad. Como lo mencioné en otra de las secciones, él no es de los que hacen lo que hace la multitud. Ésa es una de sus mayores fortalezas. Todos sabemos que perdió su participación en los casinos de Atlantic City. Entonces, ¿por qué mencionar el tema de las drogas en Atlantic City?

Es porque al introducir los casinos, Atlantic City prácticamente se convirtió en un antro de drogas y los cinco casinos de Trump desempeñaron un papel fundamental. El crimen aumentó en un 300 por ciento incluso antes de que los casinos empezaran a cerrar. Un ex procurador de la ciudad dijo que "las drogas eran el mayor problema criminal que enfrentamos".

El porcentaje de personas que mueren por sobredosis de heroína en Atlantic City es siete veces mayor que el promedio nacional. (17 en comparación con 2.3 por cada 100,000 personas). El sur de Jersey es la "Meca de la distribución de heroína," asegura el fundador y presidente del *Hope All Day Recovery Center*, uno de los centros de rehabilitación de la localidad.

¿Qué tan involucrados están los casinos? En una redada en 2014, la policía estatal de Nueva Jersey arrestó a 42 empleados de hoteles y casinos y ordenó el arresto de 24 más por tráfico de narcóticos. Los detectives se hicieron pasar por clientes importantes y descubrieron que era muy fácil obtener drogas en cada uno de los once casinos que operaban en Atlantic City. Y eso no ha cambiado. En abril de 2016, en uno de mis viajes de investigación para el libro, el segundo empleado del *Taj Mahal* de Trump me dijo que me podía conseguir heroína. (Por supuesto no la compré).

Los casinos de Trump desempeñaron un papel fundamental para llevar esa lacra a Atlantic City. Aún cuando personalmente él está fuera de esa ciudad, no recuerdo la conferencia de prensa en la que invitó a 40,000 habitantes de Atlantic City a volar con él en el helicóptero Trump.

Quizá un hombre de negocios cualquiera puede darse el lujo de hacer un comentario como ése, pero más vale que no lo haga un candidato para la presidencia de los Estados Unidos. Trump debería conseguir los recursos necesarios y convertir la limpieza total de esa ciudad en una de sus principales misiones. Eso lo convertiría en un verdadero héroe.

¿Y qué pasa con sus contactos con el cartel de drogas? Algunos de sus mejores amigos, partidarios y asesores son propietarios y operadores de casinos; los mismos que continúan haciendo adictas a las comunidades y robándoles su dinero. Trump tiende a alabarlos incluso.

Solíamos condenar a la mafia por estafar algunos miles de dólares aquí y allá. ¿Por qué resulta que ahora debemos adular a los operadores de casinos que roban decenas de miles de millones de dólares de los americanos cada año, al mismo tiempo que los drogan para hasta volverlos insensibles? Las drogas ilegales representan una amenaza demasiado importante para los individuos y las comunidades para que simplemente las ignoremos y los casinos las promuevan.

Una de las maneras en las que Trump podría probar que es independiente de esos sujetos es apoyar públicamente un impuesto del 70% sobre todas las utilidades provenientes de los casinos, que se emplearían para reconstruir las comunidades que fueron destruidas por éstos.

7

Trumpismo

Aunque está de moda en estos días que los medios examinen a los candidatos con un microscopio en vivo por la televisión, sería poco razonable esperar que fueran perfectos. Como lo discutimos anteriormente, los logros de Trump son muy conocidos y se sostienen por sus propios méritos. Pero para que sus peculiaridades no permanezcan escondidas, catalogaremos algunas de ellas a continuación.

Los negocios a la manera de Trump

"Si tuviera que representar al país en vez de John Kerry, sabes que los negocios serían mucho mejores. Yo puedo enderezar cualquier cosa. Es muy fácil. Hay tantas cosas chuecas".
—Donald J. Trump.

El verdadero axioma para los negocios de la mafia es: "les haré una oferta que no podrán rechazar". Esto está en el centro de casi todos los actos criminales. Algunas veces se llama extorsión, que significa ejercer control sobre alguien mediante el uso amenazas o violencia. Esto es lo más alejado al tipo de negociación gana-gana que Trump propone en algunos de sus libros. Explica que "un negocio solo funciona si ambas partes están contentas". Las víctimas de extorsión nunca están contentas.

Desafortunadamente, la historia de Trump está plagada de amenazas que emplea para conseguir la mejor parte de algo. No, no son amenazas de daños corporales o muerte, sino amenazas de ruinas, desalojos o bancarrotas. Amenazas de verse involucrados en costosos y largos pleitos legales que acabarían con cualquier negocio. O amenazas de quedar del lado receptor de la artillería de Trump, aunque claramente él esté equivocado.

Generalmente es mala idea aplastar a adversarios débiles por medio de la fuerza. La eliminación por parte de Rusia de los Balcanes, Polonia, Ucrania y Kazakstán, por nombrar solo algunos, son ejemplos de lo mal que funciona la táctica de "persuadir por medio de la coerción". Rusia sigue con problemas de cada una de esas áreas, que incluyen tener que emplear las fuerzas armadas para mantenerlos bajo control. En contraste, está la reincorporación de Hong Kong a China en 1997. Como premio, Hong Kong valía más que todos los satélites rusos mencionados anteriormente combinados, aún así, China no disparó una sola bala para tenerlo de vuelta. Se logró únicamente por medio de negociaciones con Gran Bretaña. Y hoy en día, más de 20 años después, Hong Kong se ha convertido en parte integral de la República Popular China, y solo ha habido alguna que otra protesta estudiantil pacífica que perturbe la paz.

Una característica importante de cualquier líder verdadero es su habilidad para razonar y cooperar con otros. A esto se le llama gana-gana en el libro *"Art of the Deal"* de Trump. No me malentienda, Trump ha hecho muy buenos negocios a lo largo de su carrera. Pero para aquellos que esperan resultados mágicos en sus negociaciones con México o

China, está claro que los resultados positivos provenientes de sus negociaciones pasadas están lejos de ser posibles. Prueba de ello son las veces incontables en que ha tenido que usar recursos legales y amenazar con demandas para forzar a sus competidores y a sus adversarios a doblegarse. ¿Qué es una demanda legal sino la admisión de un fracaso en las negociaciones? Trump es uno de los hombres más litigantes de la historia. Es difícil encontrar cualquier trato en el que él haya formado parte y que no haya incluido una demanda o una amenaza de demanda.

En la elección de 2016 se ha hablado de demandas a los medios, a los manifestantes y al mismo Partido Republicano: casi cada escritor que ha intentado escribir un libro sobre él ha sido amenazado con una demanda. Tim O'Brien, el ilustre autor de *Trump Nation*, recibió una demanda por 5 mil millones de dólares por "difamación" contra el Señor Trump. Su crimen fue ser escéptico en relación con la siempre cambiante aseveración de su valor neto. (Trump perdió la demanda).

Cuando una estudiante insatisfecha de la "Trump University" (ahora clausurada) reportó su inconformidad, en vez de solucionar el problema, la demandó.

Trump demandó a su socio en el desarrollo del *Post Office Hotel* en D.C. cuando éste decidió retirarse del proyecto luego de que considerara racistas los comentarios que Trump hizo sobre los inmigrantes mexicanos.

Cuando el comisionado de la *National Football League* (NFL) no permitió el acceso del equipo de Trump a la liga, éste demandó a la NFL y al propio comisionado Pete Rozelle.

Amenazó con demandar a Mark Cuban, dueño del equipo de baloncesto *Dallas Mavericks*, por hacer un comentario en un video clip que sugería que los casinos de Trump estaban atravesando una época difícil.

Cuando se enfrentó ante cargos documentados por discriminación racial en 1960, Trump podía haber llegado a un sencillo acuerdo con la simple promesa de corregir sus formas. En lugar de eso, insistió en su inocencia —actitud muy tonta si se toma en cuenta la incontrovertible evidencia en su contra, más la buena disposición del departamento de justicia de llegar a un acuerdo por la mera promesa de un mejor comportamiento— y demandó al departamento de justicia por 100 millones de dólares. El juez arrojó la demanda de Trump al bote de basura.

Cuando supo que la cadena de noticias ABC planeaba hacer una película sobre su vida, titulada *Ambition*, amenazó con demandar si no le gustaba cómo lo presentaban.

No necesito continuar. Las demandas suceden. Se han convertido en parte de la manera americana de hacer negocios. Sin embargo, un buen "negociador" no debería utilizarlas para resolver cada pequeña diferencia de opinión.

Trump ha perdido o no ha dado seguimiento a la mayoría de las demandas mencionadas.

En las siguientes tres secciones se relatan otras negociaciones importantes en las que tampoco logró ganar.

Un triunfo en Central Park: la pista de patinaje Wollman

Hay una cosa por la que los neoyorkinos unánime y uniformemente alaban a Trump, y es que completó la pista de patinaje *Wollman*, en *Central Park*. Había estado cubierta de cinta roja durante años y Trump ofreció tomarla y completarla para el alcalde Ed Koch a costo. Éste aceptó y la pista quedó lista en cuatro meses.

Aunque sin duda fue una gran contribución para la ciudad, Trump no lo hacía por razones meramente altruistas. Era parte de una estrategia para conseguir que Koch le diera lo que hubiera sido la mayor concesión tributaria de la historia de Nueva York por el proyecto llamado "TV City" —un desarrollo que Trump esperaba construir en el lado oeste. Éste pensó que el trato estaba prácticamente cerrado y esperaba utilizar su exitosa (y ampliamente promovida) pista de patinaje para conseguir el apoyo municipal para el proyecto "TV City" que era mucho mayor.

Muchas cosas salieron mal. Mientras Trump anunciaba a la ciudad que la NBC se iría de Nueva York si él no conseguía la reducción de impuestos, el alcalde descubrió que la amenaza era falsa. Además, Trump parecía no poder evitar regocijarse ante la estupidez y la ineficiencia de los manejos de la ciudad en los inicios del proyecto de la pista de patinaje; dedicó un capítulo completo de *Art of the Deal*, haciendo hasta lo imposible para que el alcalde quedara como un estúpido. ¿Acaso pensó que esto ayudaría a su asunto con la ciudad?

Cansado de las amenazas y las tácticas coercitivas, Koch terminó por rechazar la propuesta de Trump y le otorgó una reducción de impuesto mucho menor de la que él esperaba.

La respuesta de Trump fue llamar al alcalde un "idiota" y una "desgracia" y denunciar a la ciudad como una "cloaca de corrupción e incompetencia." Incluso aseguró que iba a gastar 2 millones de dólares en anuncios para una campaña anti-Koch.

No fue sorpresa que eso no hizo que Koch cambiara de parecer. "TV City" nunca se construyó y 30 años después la NBC sigue en Nueva York.

El mejor negocio de Trump de todos los tiempos: Harrah's

En 1982 Trump se unió con Harrah's para la construcción de su segundo casino en Atlantic City. Harrah's le ofreció un buen negocio. Un muy buen negocio. Trump pondría la tierra (que ya tenía) y los permisos (que sus contactos políticos le garantizarían) y a cambio, Harrah's le pagaría 22 millones de dólares por adelantado para cubrir los gastos del proyecto, le pagaría a él por construir el casino, le daría el 50% de participación de acciones y lo liberaría de la responsabilidad por las pérdidas de la operación durante los primeros cinco años. Y además, Harrah's operaría el casino.

Trump supervisó la construcción del casino de 39 pisos que acabó costando 210 millones y que abrió sus puertas en mayo de 1984. Era el mayor casino de Atlantic City en ese momento. Un acuerdo lateral entre ambas partes requería que Trump solucionara el problema del estacionamiento —los planos originales del casino no lo incluían. Pero aparentemente Trump decidió que quería deshacerse de Harrah's, a pesar del estupendo trato que había hecho con él. Así es que se demoró en la construcción del estacionamiento. Harrah's estaba furioso pero no había mucho que pudiera hacer —habían permitido que Trump pusiera a su nombre el terreno del estacionamiento. Sin estacionamiento, el casino no ganaría dinero pero Trump estaba indemnizado ante cualquier pérdida durante los primeros 5 años. Harrah's acusó a Trump de intentar obligarlo a vender su parte por un precio reducido. Pero no tenía alternativa, por lo que terminó vendiendo sus acciones a Trump. Una vez que se adueñó del casino, Trump construyó el estacionamiento.

Suena como una maniobra muy astuta, sin embargo tuvo un costo muy alto. Trump tuvo que pedir un préstamo de 233 millones de dólares para la compra. Además, ahora tenía que operar el casino, algo que nunca antes había hecho, no sabía cómo hacer y no le interesaba.

Había cambiado un gran activo, ingresos y certidumbre, por una gran deuda y un futuro muy incierto.

Lo que quizá fuera el mejor negocio de su carrera, Trump lo convirtió en una pérdida que fue el inicio de su declive y casi le costó todo su imperio.

Cómo Trump derrotó a la NFL

A menudo el Señor Trump hace alusión a lo buen atleta que es. Esto podría explicar muy bien su deseo de poseer un equipo de la *NFL*. Pero un trofeo como ese no es barato. A principios de los 80's el costo de un equipo de la *NFL* era de 40 a 50 millones de dólares. Pero había otra liga profesional de fútbol que había empezado a programar partidos en 1983: La *U.S. Football League* (USFL) (Liga de Fútbol de Estados Unidos).

La *USFL* acababa de abrir sus puertas con un plan de negocios simple pero directo: no competir contra la *NFL*. La manera fácil de lograrlo era programar todos sus partidos en la primavera, cuando la temporada de la *NFL* ya había terminado. Sin la competencia, podrían usar los estadios de la *NFL* y tendrían toda la audiencia televisiva para ellos solos. El costo de un equipo de la *USFL* era de entre 6 y 9 millones de dólares, mucho más accesible que la franquicia de la *NFL*. Trump encontró una manera de usar a la *USFL* como su boleto de entrada a la *NFL*. Así que, después de su primer año de operaciones, entró a la *USFL* con la compra del equipo *New Jersey Generals* por 9 millones de dólares. Anunció que había pagado solo 5 millones para quedar bien, lo cual inmediatamente devaluó a los demás equipos de la liga.

La *USFL* era una liga de primavera con un presupuesto modesto, antes de la llegada de Trump. Pero llegó azotando la cartera e inmediatamente empezó a gastar en talento. Reclutó a estrellas de la NFL como Kerry Justin, al mariscal de campo Brian Sipe y a Gary Barbaro, tres veces capeón. El año siguiente contrató a otro mariscal de campo, Heisman, y al ganador de trofeos, Doug Flutie, con los mayores contratos del fútbol profesional por 7 millones de dólares. El enorme gasto de Trump violó la regla de salarios y disparó una guerra de pujas. Ahora el cielo era el límite y esto no gustó a muchos equipos que no tenían el apoyo de los bolsillos de Trump.

Pero éste tenía un plan secreto. Quería convertir su equipo de la *USFL* de 9 millones de dólares, en uno de la *NFL* de 50 millones. Le dijo a los copropietarios que iría a reunirse con la *NFL* para desarrollar un plan para fusionar las dos ligas. Pero de hecho, solo le interesaba que la *NFL* absorbiera a su equipo. Lo primero que hizo fue mover la programación de su equipo de la primavera al otoño, lo cual lo colocaba en conflicto directo con la *NFL*. Aunque él no era el único que quería hacer eso, sí era el que tenía la voz más fuerte. De acuerdo con Charlie Steiner, el comentarista de radio de los *General's*, "la liga no quería hacerlo pero Trump los tenía ahorcados". Cuando el programa cambió al otoño, el destino de la *USFL* estaba sellado.

Aunque Trump había prometido a otros dueños de equipos de la *USFL* que no tendrían problemas para conseguir la transmisión televisiva de los partidos en el otoño de 1986, cuando el momento llegó las tres grandes cadenas negociaron los contratos usuales con la *NFL* y ninguna con la *USFL*. Una vez más, el arte de la negociación de Trump le fallaba en un momento crucial. Esto fue un duro golpe. La *USFL* necesitaba la cobertura. De manera que Trump recurrió a su habitual plan B y demandó a la NFL por mil 690 millones de dólares por violar la ley antimonopolio. Igual que antes, hubo quienes estaban de acuerdo con sus métodos, pero Trump era la voz más fuerte y prestó a sus propios abogados para que llevaran el caso. Usó a Roy Cohn su infame "arma secreta" (ver la sección de Roy Cohn) y a Harvey Myerson, quien después fue acusado de estafar millones de dólares a sus clientes, así como de ser un "mentiroso patológico", como lo llamó un ex socio suyo en un artículo de la revista *American Lawyer*.

Después de más de dos meses de testimonios, el jurado volvió con un veredicto a favor de Trump, la NFL había violado la ley antimonopolio. Trump sonrió hasta que escuchó la sentencia: En vez de darle los mil 690 millones de dólares solicitados, el jurado de otorgó a la USFL un pago de 3 dólares. Con intereses, el total fue de $3.76 dólares. La animosidad de la demanda arruinó cualquier posibilidad de fusión con la NFL. Y la decisión acabó con la USFL. A pesar de un contrato para la transmisión televisiva con la incipiente ESPN, prefirieron no jugar en 1986. La liga cerró finalmente luego de una pérdida estimada en 163 millones de dólares.

Un documental de Mike Tollin para ESPN, conductor del programa "Highlights" de la USFL, planteó la idea de que si la USFL hubiera continuado por su camino original, no hubiera suspendido sus actividades luego de 3 años y que fue Trump quien la desvió de su camino. "Lo peor de todo eso," dijo Tollin, "fue que no pareció importarle nada a Trump. Fue solo una pequeña inversión que no salió bien, así es que siguió adelante con otras cosas. No importó que cientos de personas perdieran sus empleos, desde los vendedores de cacahuates y los acomodadores hasta los que ocupaban los puestos de más arriba". De hecho más de mil personas se vieron afectadas por el cierre de la liga.

En su libro *Art of Deal*, Trump explicó las causas de la desaparición de la liga de la siguiente manera: "Si acaso existió algún error de cálculo por mi parte con la USFL, fue en cuanto a la evaluación de los copropietarios".

Los genes Trump

"Siempre he pensado que la negociación no se aprende. Es casi innata. Está en los genes. Un negociador nace así… es algo con lo que estoy muy familiarizado. He construido un imperio a base de negociación".
—Donald J. Trump

¿Los genes realmente importan?

Aunque nunca se ha demostrado, y es muy poco probable que los genes tengan un papel importante en los negocios y en la nego-ciación, y ya que Trump apela a ellos tan a menudo para explicar su grandeza, nos detendremos un poco en ellos.

Ya sea que pensemos que los genes juegan un papel definito-rio en el carácter o la habilidad de un ser humano, o no, veremos los modelos y ejemplos en los cuales se sustenta Trump.

El abuelo Friedrich: la prostitución y juego son el inicio de un imperio

Friedrich Drumpf, el abuelo de Donald Trump, llegó a Nueva York procedente de Alemania en 1885 con 16 años. Luego de seis años en la ciudad, en 1891 a la edad de 22, va en busca de la emoción por la fiebre del oro y viaja hacia el Pacífico, al no-roeste de los Estados Unidos.

El joven Friedrich se esta-blece en Seattle y abre la prime-ra empresa comercial Trump en el nuevo mundo. Su tienda esta-ba ubicada al centro de tres cuadras de cantinas, casas de juegos de azar y burdeles. El distrito era conocido como *The Line*, y ya era famoso por toda la región como un lugar en el que "todo se valía". Si un hombre tenía dinero, podía conseguir todo el sexo, alcohol y juego que quisiera —para satisfacer incluso el gusto más perverso.

Los mapas de la época llamaban a los burdeles "alojamientos de mujeres" y más tarde "tabernas". A las prostitutas les decían "costureras" y éstas tenían que pagar un impuesto especial que era el "impuesto de costurera", mismo que en aquel entonces era una importante fuente de ingresos de la ciudad. Además de las casas de dudosa reputación, *The Line* estaba lleno de cantinas, salones de juego, casas de empeño, burdeles, sitios de apuestas, teatros de vaudeville, casas de préstamos y los honorables salones de opio.

Fue allí, en el lado norte de Washington Street, en donde Friedrich Trump* abrió su "Dairy Restaurant" de dos pisos.

Antes el negocio se llamaba el "Poodle Dog" y, además de los tarros de cerveza y las charolas de comida que se servían, los anuncios presentaban la otra especialidad de la casa que era: "habitaciones privadas para damas". Las damas a las que se referían eran las prostitutas. Friedrich daba a sus clientes lo que ellos querían. "Eran negocios, no era personal". Y el 27 de octubre de 1892, en Seattle, el abuelo Trump se convirtió en ciudadano de los Estados Unidos.

A finales de 1892 se extendía la noticia de que John D. Rockefeller había invertido en Monte Cristo, la mayor ciudad minera de rápido crecimiento de E.U.A., llamada así por la novela de Alejandro Dumas. Aunque todas las personas que iban a Monte Cristo lo hacían para buscar oro y plata, Friedrich tenía otros planes.

En Febrero de 1893, había vendido los accesorios de su restaurante y, el día 24 de ese mismo mes decidió invertir el dinero de las cervezas y las prostitutas en un terreno de 40 acres que era propiedad del *Northern Pacific Railroad* y que se encontraba a 19 km al este de Seattle. Tenía una pequeña choza y la zona en la que se encontraba había atraído ya a muchos otros especuladores de tierras. Friedrich la compró por la ganga de 5 dólares por acre. Éste fue el primer bien raíz del imperio de la familia Trump.

Una semana después de haber comprado el lote, Friedrich se fue de Seattle hacia Everett, una nueva ciudad en crecimiento en

* Cambió su apellido de Drumpf a Trump.

las costas de *Possession Sound*, cerca de las minas de Monte Cristo. Allí se encontraban las oficinas tanto de la compañía minera, como de la compañía de ferrocarriles. La tierra allí costaba 1,000 dólares por acre, que era mucho más de lo que Friedrich podía pagar, pero tenía un plan. Había llegado a la mitad del invierno cuando seis metros de nieve lo cubría todo, y él decidió en dónde quería instalar su negocio y "encontrar oro". O al menos, eso fue lo que dijo. Si alguien encontraba oro o plata en un terreno que no le pertenecía, podía reclamar los derechos de propiedad sobre los minerales que estaban justo debajo de la superficie de la tierra.

Pero en el caso de Trump, "sus" terrenos eran parte de una parcela mucho más grande propiedad del desarrollador más reconocido de Everett. No había ningún mineral bajo la superficie de esa tierra y, aunque no tenía derecho de construir nada, rápidamente edificó una pensión. Era una mucho mejor opción que tener que pagar por la tierra.

Según un artículo del *Everett News*, la pensión de Fred Trump estaba justo en el centro de un distrito en el que los establecimientos "están diseñados para atraer a los hombres hacia la destrucción moral y financiera". Friedrich se dedicó a ganar grandes sumas de dinero.

En 1896 se postuló como juez de paz y ganó por 32 votos sobre 5. Pero no todo era perfecto en Everett. La esperada producción de plata y oro no se materializó. La economía de los Estados Unidos se deterioraba, por lo que Rockefeller vendió sus propiedades en la ciudad, al igual que otros desarrolladores.

Al año siguiente apareció oro de verdad en el Yukon, por lo que Friedrich quemó sus naves en Everett y viajó al norte. Planeaba duplicar su exitosa idea, pero esta vez mejor y en grande. No tenía ningún interés es escavar para encontrar oro —pero aprovecharía la ventaja que le daba la oportunidad de proveer comida, alcohol, juego y compañía femenina a los buscadores del precioso metal. Su primer negocio fue un restaurante en una tienda de campaña, que servía carne de los caballos que habían muerto en el camino. De allí pasó a una estructura de madera en la ciudad de Whitehorse (hoy la mayor ciudad del norte de Canadá). Construido sobre terrenos que no eran de su propiedad, mantuvo su *New Arctic Restaurant & Hotel* abierto las 24 horas del día, mientras que su verdadera fuente de ingresos eran los salones de juego de azar y las prostitutas que siempre estaban a disposición de su clientela.

Hizo más dinero del juego de azar, el alcohol y la prostitución, que casi la mayoría de los principales desarrolladores. Cuando dejó el Yukon a la edad de 32 años, había acumulado una fortuna equivalente a más de 8 millones de dólares de 2015. Friedrich regresó a Nueva York e invirtió su dinero en bienes raíces, en su mayoría en el distrito de Queens.

En 1918 murió súbitamente, algunos dicen que fue influenza, otros aseguran que fue por alcohol. De cualquier forma, la responsabilidad de la familia recayó en los hombros de su hijo, Fred Jr.

Papá Fred —pago de influencias, contactos con la mafia y el KKK

> *"Aprendí de mi padre. Era un gran maestro".*
> —Donald Trump

Pago de influencias

Cuando el abuelo Trump murió, Fred Jr. (el padre de Donald) vio cómo la gran crisis financiera de 1921 se llevaba gran parte de la fortuna de su padre. Fred Jr. buscó trabajo como obrero no calificado tan pronto se graduó de la escuela, y allí aprendió mucho sobre la construcción.

También fue allí en donde inició su aprendizaje como agente de bienes raíces.

A la edad de 21 años, papá Fred inició un negocio con su madre llamado *Elizabeth Trump & Son,* con la esperanza de que los clientes confiarían más en él si pensaban que una mujer madura era la que dirigía los asuntos. Era una época maravillosa para hacer negocios en Nueva York —la ciudad crecía en todos sentidos. Manhattan empezó a representar un bastión de riqueza, glamour, corrupción y peligro.

Fred empezó a hacer negocios en Brooklyn y Queens, que eran mucho más seguros comparativamente. *Elizabeth Trump & Son* tuvo éxito, primero en proyectos de edificios individuales y luego como desarrollador de pequeños grupos de casas en propiedades subdivididas. En dos años había completado docenas de casas. Debido a que el precio de los bienes raíces seguía subiendo, los Trump construían casas cada vez más grandes en terrenos también mayores. El mercado de valores se desplomó en 1929 y eso acabó con todo. Los Trump estaban atrapados con propiedades que nadie quería comprar y se vieron obligados a dejar el negocio. Fred abrió una tienda de abarrotes para salir adelante.

La economía norteamericana tocó fondo en 1933, y los especuladores ya habían empezado el proceso de adquirir propiedades baratas con cierto conocimiento de que podrían hacer fortuna en el futuro. Algunos inversionistas bien conectados podían localizar las propiedades en dificultades que estarían disponibles. Pero los inversionistas mejor relacionados podían intervenir en la corte para que los designaran como apoderados de las principales propiedades que se perdían por las bancarrotas. En resumen, con los contactos adecuados, se podían conseguir propiedades a precios extremadamente bajos.

Fred quería estar de vuelta en la jugada, pero en 1933, él no tenía esos contactos. Sin embargo, ponía atención. Miraba los escenarios de las bancarrotas como un buitre que espera una oportunidad para atacar.

Y su oportunidad llegó con el cierre de una de las principales compañías de hipotecas de Brooklyn, *Lehrenkrauss & Company*. Lehrenkrauss era una compañía de una familia que tenía la licencia del estado de Nueva York para operar como banca de inversiones y que, según ellos mismos admitían, engañaba a las personas a través de sus campañas masivas. Había vendido bonos que valían mucho más que las hipotecas que los respaldaban y alteraba sus libros contables de forma fraudulenta. La compañía estaba en quiebra y el señor Lehrenkrauss acusado de robo y camino a la cárcel. Miles de esos tenedores de bonos estaban dispuestos a demandar.

Fred, que tenía un poco de experiencia con hipotecas, gracias a su anterior empleo en Queens, vio que una pequeña parte de la operación de Lehrenkrauss —la que se ocupaba de cobrar los pagos de hipotecas de los deudores— podría tener todavía cierto valor. Entonces, decidió adquirir esa parte del negocio. No era fácil. Tenía que aliarse con algún intermediario político de Brooklyn y unir fuerzas con otro licitador que estuviera basado en Queens, pero al final tuvo éxito.

Fred no obtuvo mucho dinero por procesar los pagos de las hipotecas. El verdadero valor del premio era la información privilegiada a la que tenía acceso. De acuerdo con sus registros, Trump podría ver qué propietarios tenían atrasos en sus pagos y podía predecir desalojos. Con este conocimiento, podía comprar las propiedades en dificultades antes de que salieran al mercado. Pero eso era muy lento.

En ese preciso instante, un ángel salvador llegó a visitar el mercado de bienes raíces de Brooklyn con la forma del Federal Housing Authority (FHA) (Autoridad Federal de la Vivienda).

La FHA era uno de los *New Deal Programs* (nuevos programas) del presidente Franklin D. Roosevelt para reactivar la economía después de la crisis de 1929, y estaba encaminado a estimular la propiedad de viviendas. Antes de la creación de la FHA solo 30 por ciento de los neoyorkinos eran dueños de sus hogares. Los prestamistas solicitaban un 50 por ciento de anticipo y los dueños potenciales solo tenían cinco años para terminar de pagar el saldo. La FHA llegó a cambiar las reglas del juego, ya que solicitaba solo el 20 por ciento de anticipo y extendía el periodo de pago a 30 años, además de que aseguraba a los que otorgaban los préstamos en un 100 por ciento.

Lo que esto significaba para Fred Trump era que ahora podría tener muchos más clientes para los cuales construiría casas y, lo más importante, podría operar con un riesgo muy bajo para él mismo. Siempre y cuando pudiera obtener los préstamos asegurados de la FHA.

Miles de millones de dólares en financiamientos eran canalizados a través de una burocracia de funcionarios y, a la cabeza de éstos (en Nueva York) estaba un hombre llamado Thomas "Tommy" Grace. Antes de ocupar su cargo en la FHA, Tommy era miembro de un bufete legal llamado *Grace & Grace*, que estaba formado por él y sus hermanos. Tommy mantuvo sus contactos con el despacho legal durante todo su cargo en la FHA, además de que siguió en la nómina.

Fred astutamente contrató a George, el hermano de Tommy, para representar una asociación profesional de constructores, de la que él mismo era creador y presidente. (Más tarde George se asoció con Fred en un gran proyecto habitacional de Brooklyn llamado *Starrett City*. Pero no nos adelantemos).

En agosto de 1936, Tommy autorizó un compromiso del gobierno federal para que le otorgara a Fred un financiamiento para un desarrollo de 400 casas. Y los compromisos continuaron. Debido a estos subsidios del gobierno y estas garantías, Fred Trump se había convertido en uno de los mayores constructores de Brooklyn hacia 1940.

(Por mantener sus relaciones y canalizar proyectos al despacho legal de su familia al mismo tiempo que estaba a la cabeza de la FHA en Nueva York, Tommy fue acusado de fraude. El caso fue sobreseído porque fue presentado cuando el plazo de prescripción de 3 años ya había concluido).

La mafia

Varias décadas antes, en 1930, cuando el fin de la prohibición acabó con sus negocios ilegales de tráfico de alcohol, los gánsteres ítalo-americanos aumentaron su presencia en la industria de la construcción en Nueva York, así como en los sindicatos. Ellos usaban la violencia y la amenaza de la violencia para controlar el suministro de mano de obra y materiales, así como para sacar dinero de los contratistas. Ellos eran quienes decidían qué compañías recibirían los contratos de los principales desarrollos. Se cometían homicidios como una manera de recordar a todos quiénes estaban a cargo del negocio de construcción en Nueva York. Los jefes eran tan temidos que podían clausurar un proyecto con una sola palabra, abrumar a un desarrollador con costos adicionales o cortar el precio de la mano de obra al enviar trabajadores no sindicalizados a una edificación. La intromisión de la mafia en la construcción en Nueva York hizo que ésta se volviera mucho más cara y peligrosa que en ninguna otra parte de Estados Unidos.

Ya que Fred Trump había adquirido varias propiedades de autoridades públicas, tales como la ciudad de Nueva York, le pareció muy conveniente para sus intereses llevar buenas relaciones tanto con los políticos locales, como con la mafia. Y así fue, cuando la FHA empezó a financiar casas para los veteranos, después de la II guerra mundial, Fred se unió con un contratista relacionado con la mafia para desarrollar el proyecto *Beach Haven*. Al momento en que se unió con Fred, William "Willie" Tomasello, su nuevo socio, ya estaba asociado con miembros de las familias criminales Genovese y Gambino en otros desarrollos de bienes raíces en Nueva York.

De acuerdo con la *Organized Crime Trask Force* (Fuerzas Especiales contra Crimen Organizado), en los 50's, la fuente de ingresos de Tomasello era una compleja red de relaciones con las familias Genovese y Gambino, y también con Lucky Luciano. (Ver Blair Trump, p. 171). Los vínculos de Tomasello con la mafia salvaron a Trump de la interrupción de suministros y le dieron acceso a trabajadores no sindicalizados (como el yerno de Tomasello) que podían ser contratados por salarios más bajos. Fred dijo a los investigadores federales que sin el dinero de Tomasello no habría podido llevar a cabo el proyecto, ya que hubiera sido muy riesgoso.

Fred admitió al fiscal federal que había sobre valuado el costo del proyecto intencionalmente por más de 4 millones de dólares, al momento de solicitar el préstamo del gobierno, y que planeaba conservar ese dinero aunque con ello violara los lineamientos establecidos en cuanto a las utilidades para los préstamos de la FHA. Los investigadores también descubrieron que había desviado 1.4 millones de dólares más de las cuentas del proyecto Beach Haven. Sus justificaciones fueron etiquetadas por los investigadores como "falsedad de declaraciones" y aunque no fue acusado por estos actos, la FHA lo vetó subsecuentemente para participar en proyectos futuros.

La discriminación racial y Fred Trump

En 1970 el departamento de justicia llevó a cabo un proceso judicial por discriminación contra Donald Trump, cuyos detalles fueron descritos en este libro en la sección de Roy Cohn. La demanda acusaba a Trump de rehusarse a rentar a afroamericanos.

Aunque en ese momento era Donald quien estaba directamente encargado de las actividades de arrendamiento de la compañía, un empleado atestiguó que la política de discriminación venía desde arriba de la organización Trump, del padre de Donald, Fred Trump.

Esto no era nada nuevo. Había sido así durante varias décadas. El 1 de junio de 1927, un artículo del *New York Times* relató que papá Fred había sido arrestado y liberado luego de que una demostración del *Ku Klux Klan* (KKK) se convirtiera en una pelea con la policía de Queens. Supuestamente la batalla incluyó a más de 1000 integrantes del Klan y 100 agentes de la policía. Los siete hombres arrestados compartieron al mismo abogado. La dirección que proporcionó a la policía, fue la de una casa propiedad de la familia Trump. Otro artículo sobre la trifulca que apareció en el *Long Island Daily Press* apuntó que los siete hombres arrestados vestían el traje del Klan.

Esta fotografía fue publicada en la primera plana del *New York Herald Tribune*, el 31 de mayo de 1927, y exhibe la demostración en la que fue arrestado papá Fred.

No culparemos al hijo por los pecados del padre. Pero cuando Donald Trump fue interrogado sobre este incidente negó categóricamente que hubiera ocurrido, a pesar de las evidencias.

Lo mismo sucede con sus vínculos con la mafia. Si tan solo fuera abierto al respecto, posiblemente sería perdonado. Pero sus negaciones continuas hacen a uno dudar acerca de qué otras cosas pueda estar ocultando. Secretos tan oscuros pueden hacerle mucho daño al presidente de Estados Unidos.

Más adelante, en 1950, Fred Trump tuvo un inquilino que rentaba una de sus casas y que más tarde se convertiría en un líder de derechos humanos y uno de los compositores más famosos de la historia popular americana. Su nombre era Woody Guthrie y una de sus canciones, que quizá conozca, es *"This land is your land"*.

Y esto fue lo que escribió el legendario Guthrie para inmortalizar a Fred Trump y a su *Beach Haven*.

I suppose	(Supongo)
Old Man Trump knows	(que el viejo Trump sabe)
Just how much	(cuánto)
Racial Hate	(odio racial)
he stirred up	(ha levantado)
In the bloodpot of human hearts	(en los corazones humanos)
When he drawed	(cuando dibujó)
That color line	(esa línea de color)
Here at his	(aquí en su)
Eighteen hundred family project...	(proyecto para 800 familias)
Beach Haven ain't my home!	(Beach Haven no es mi hogar)
I just cain't pay this rent!	(no puedo ni pagar esa renta)
My money's down the drain!	(mi dinero se va por la alcantarilla)
And my soul is badly bent!	(y mi alma está doblada)
Beach Haven looks like heaven	(Beach Haven parece el cielo)
Where no black ones come to roam!	(que ningún negro puede recorrer)
No, no, no! Old Man Trump!	(¡no, no, no! ¡Viejo Trump!)
Old Beach Haven ain't my home!	(El viejo Beach Haven no es mi hogar)

"Mi padre solo me dio un millón de dólares"

¿Acaso a alguien le importa?

En los debates Republicanos, para objetar la afirmación de Trump acerca de que él es un "multimillonario que se hizo a sí mismo", fue "acusado" de haber heredado 200 millones de dólares de su padre. En primer lugar, si eso fuera cierto, no sería ningún crimen. Lo extraño fue que Trump lo negó enfáticamente y respondió con la ridícula afirmación de que él solo había recibido

1 millón de dólares de su padre y lo había convertido en miles de millones.

Para el momento en el que Donald nació, papá Fred ya era un multimillonario hecho y derecho con una mansión de 23 habitaciones y un par de limusinas conducidas por choferes (una *Rolls Royce* y otra *Cadillac*), en las que Donald viajaba para ir a la escuela. Éste creció en el seno de una de las familias más ricas de Queens y claramente recibió cientos de veces más que el millón de dólares que él afirma.

Trump no tenía ninguna necesidad de minimizar el dinero y la ayuda que recibió de su padre. Sin embargo lo hizo.

Estos son algunos ejemplos de cosas que Trump recibió de su padre:

1. A fines de 1970 papá Fred se convirtió en presidente de consejo de su compañía y lo promovió a presidente. Uno de sus primeros actos como nuevo presidente fue convencer a Fred de refinanciar sus 80 propiedades, cuyo costo en esa época era de 200 millones de dólares. (Ver Blair, D.T.M.A. Evidentemente de allí surgió la suma de los 200 millones que salió a relucir en el debate). Trump usó ese dinero para nuevas inversiones.

2. El primer gran negocio de Trump fue convertir el viejo *Commodore Hotel*, al lado de *Grand Central Station*, en un *Grand Hyatt*. El alcalde Abe Beame, viejo amigo y aliado de papá Fred, le dio a Donald la primera reducción de impuestos de la historia sobre un hotel de Nueva York, cuyo valor era de 400 millones, al menos en más de 40 años.

3. En 1980, el Chase Manhattan Bank otorgó a Donald una línea de crédito sin garantía por más de 35 millones de dólares. En ese tiempo, Donald Trump tenía solo 33 años y aún tenía un proyecto por completar. Sin duda la línea de crédito le fue otorgada como deferencia a su padre, por

su buen historial, a lo largo de 20 años de trabajar con Chase (y ser el cliente del banco que más depositaba en Queens).

4. La línea de crédito de más de 35 millones de dólares fue utilizada de la siguiente manera: a) 28 millones para cubrir el gasto adicional en su proyecto del *Hyatt Hotel*. Y b) 8.9 millones para gastos iniciales para el *Trump Plaza Casino* en Atlantic City (a pesar de las regulaciones del Chase que prohíben préstamos para casinos).

5. De acuerdo con *Los Angeles Times*, en 1981 Donald también recibió un préstamo de 7.5 millones de su padre.

6. Además de haber tenido un papel crítico en la procuración de fondos para financiar los proyectos del Hyatt Hotel y del Trump Plaza de Atlantic City, papá Fred tuvo un rol muy importante en el financiamiento del proyecto *West Side*. El *Manufacturers Hanover Bank* requería que Fred Trump fuera obligado solidario de todo el crédito para la construcción, y que pusiera 2 millones de dólares en efectivo por adelantado. Fred firmó el convenio de financiamiento. (Ver Blair, D.T.M.A., p. 63).

7. Aunque Donald pasó varios años trabajando en el proyecto de la *Trump Tower*, papá Fred también tuvo que ofrecerse como garantía, y estuvo presente en las firmas de los documentos para el financiamiento.

8. Cuando Trump firmó el contrato para la construcción del *Trump Plaza Casino* de Atlantic City, papá Fred tuvo que ir una vez más para firmar todos los documentos y proporcionar credibilidad al negocio.

9. Cuando Trump no pudo hacer un pago de un crédito para su *Trump Castle Casino* en 1990, su padre fue a Atlantic City e inyectó 3.5 millones de dólares en una compra de fichas que no tenía intención de usar para jugar.

Si sumamos todo lo anterior, es una cantidad muchas veces mayor que 1 millón de dólares.

Incluso más valioso que la ayuda financiera, quizá fueron los contactos políticos y de otros tipos que Fred cedió a su hijo. Esto incluyó sus relaciones de muchos años con el gobernador de Nueva York, Hugh Carey, con el alcalde de N.Y., Abe Beame, y con el presidente de la NYC Planning Commission (Comisión de Planeación), John Zuccotti. Los amigos de Fred han resultado ser indispensables para conseguir variaciones de zonificación, reducciones de impuestos y financiamientos que han sido las piezas clave para los términos favorables que Donald Trump ha logrado conseguir para sus proyectos.

El alcalde Beame dijo públicamente al menos en una ocasión: "Lo que quieran mis amigos Fred y Donald en esta ciudad, lo tendrán". (Ver Barrett y Blair).

La ayuda anteriormente mencionada obviamente fue muy valiosa. ¿Acaso los padres no están para eso? Entonces, ¿por qué negarlo?

¿Qué impide al Señor Trump decir la verdad sobre sus asuntos personales?

8

El modelo Trump para manejar
una deuda: la bancarrota

"No creo que sea un fracaso, es un éxito".
—Afirmación de Donald Trump a la Associated Press
cuando sus casinos se declararon en bancarrota en 2004.

Trump afirma que es la mejor persona para manejar a los Estados Unidos en su crisis de deuda porque él mismo ha estado en esa situación muchas veces. Ha dicho en varias ocasiones que si lo eligen como presidente, rápidamente recortará gran parte de la deuda nacional de los Estados Unidos.

En este caso, recortar tiene un sentido interesante; significa reducir la cantidad cortándole una parte. De manera más conocida, "recortar deuda" es el tema de las bancarrotas del *Chapter 11* (Capítulo 11 de la Ley de Quiebras). Un día, usted (o su compañía) debe mil millones de dólares, y al día siguiente, usted debe sólo una décima parte de esa cantidad. Trump es un experto en esto.

Una persona insolvente no es una mala persona. Sencillamente significa que después de pedir dinero prestado prometiendo pagarlo en cierto tiempo, esa persona no es capaz de (o no quiere) pagarlo.

Hace unos cientos de años, en Europa occidental los culpables de esto entraban en prisión. Se llamaba prisión de deudores y, en su mayoría, afectaba a los muy pobres. La idea de ir a prisión era un elemento disuasivo suficiente para persuadir a los deudores más ricos a presentarse con el dinero que debían. Pero también era un asunto de honor. Si alguien te prestaba dinero basado en tu palabra y no cumplías tu palabra, resultabas denigrado. La Biblia llama a las personas que no pagan sus deudas "malvados"*.

La gente menciona a la ligera las cuatro veces que Trump ha llegado a la insolvencia. En realidad son cinco.

Durante un debate presidencial en agosto, Trump señaló que nunca se ha declarado en bancarrota personal, y que el hecho de haber puesto sus negocios en bancarrota formaba parte de su agudo sentido empresarial.

En pocas palabras, no era Trump el insolvente, eran sus compañías. Y no era su culpa; sino más bien de circunstancias más allá de su control. O tal vez el culpable era Dios. Pero si acaso fue el Todopoderoso, debe haber estado bastante molesto de que Trump lo invocara cinco veces.

Después de leer este capítulo, usted podrá juzgar de quién fue la culpa.

#1 –1991– El Trump Taj Mahal

En 1988, Trump compró el Casino Taj Mahal en Atlantic City. Era su tercer hotel en esa ciudad y Trump sabía que no podría pagarlo. Cuando se sentó a la mesa con los reguladores de New Jersey para persuadirlos de otorgarle la licencia para operarlo, cruzó sus dedos a escondidas cuando les prometió que sus finanzas estaban en magníficas condiciones y que jamás recurriría a financiar el casino mediante "bonos especulativos" de altos intereses. Al dar por buena su promesa, los reguladores aprobaron su solicitud

---

* Salmo 37:21.

de licencia y él procedió a terminar la construcción del mayor casino en Atlantic City. El casino abrió en 1990, y al año ya no podía pagar el préstamo.

¿Por qué? Porque al contrario de lo que prometió a la Comisión de Control de Casinos de New Jersey, para poder completar la construcción obtuvo mil millones de dólares con la venta de bonos especulativos, que debería repagar con una tasa de interés del 14%. Esto llevó su deuda total de los casinos a 1,400 millones de dólares. Tan solo el interés de la deuda de los bonos especulativos era de 140 millones anuales. ¿El Taj Mahal podía pagar eso?

Steve Wynn es un billonario que ha construido y operado con éxito diez de los casinos más grandes y famosos del mundo, incluyendo en Atlantic City. Ha logrado sus éxitos sin tener que recurrir al mecanismo de bancarrota. Y declaró lo siguiente a propósito de la compra del Taj Mahal por parte de Trump:

> "Desde el principio, el Taj Mahal fue un niño feo, mal concebido, sin un plan maestro, sin una idea clara de hacia dónde iba. Estaba destinado a fracasar. En una ciudad donde en los últimos diez años ningún casino de 60,000 pies cúbicos había sido utilizado por completo, ¿sobre qué base construiría alguien uno de 120,000 pies cúbicos?"

Al poco tiempo, Trump tenía una deuda de 3,400 millones de dólares, y los intereses seguían creciendo. Los tres casinos que llevaban su nombre (Trump Castle, Trump Taj Mahal y Trump Plaza) iban derecho a la bancarrota. Los banqueros de Trump solo querían recuperar su dinero.

Si una persona promedio se atrasa en los pagos de su hipoteca, los bancos no tienen muchas consideraciones. "Pague o lo obligamos a mudarse". Pero Trump les había originado un gran problema. Le habían prestado tanto dinero que si él se hundía, los bancos se hundirían con él. Hay un viejo dicho que dice: *si debes a los bancos poco dinero, estás a su merced; si debes mucho, ellos están a tu merced.* De hecho, los bancos habían sido extorsionados.

El periódico New York Times reportó que todo el año a lo largo de las pláticas maratónicas con los banqueros y los tenedores de bonos, Trump continuamente jugó la misma carta: si no se le permitía conservar algunos de los activos de los casinos, todo se perdería y las broncas en la corte de bancarrota serían interminables. No les quedó otra opción más que rescatarlo. Entonces hicieron un trato: los bancos le dieron más tiempo para pagar y redujeron las tasas de interés de los préstamos. A cambio, Trump les cedió la mitad de su propiedad y la mitad de las acciones de sus casinos, además de vender su yate y su aerolínea para hacer sus pagos. Lo más humillante fue que los bancos cortaron sus gastos personales.

No puede decirse que Trump no aprendió nada de esta experiencia. Ted Connolly, un abogado de Boston especialista en bancarrotas que estudió a Trump para su libro *The Road Out of Debt: Bancruptcy and Other Solutions to Your Financial Problems*, señaló que en esta primera bancarrota Trump "tenía muchos pasivos, garantías para su deuda empresarial, que lo hubieran liquidado". Lo que aprendió Trump es que debía apalancar la cantidad de deuda empresarial para disminuir su compromiso personal, y así decidió no arriesgar su fortuna. Por eso, en sus siguientes tres bancarrotas, no dio ninguna garantía personal".

#2 –1992– La quiebra del Hotel Plaza

Menos de un año después del trato del Taj Mahal, Trump regresó a la corte de bancarrota. Había comprado el Hotel Plaza por $390 millones de dólares en 1988, prometiendo hacer de él, "el hotel más lujoso del mundo". Para noviembre de 1992, debía $550 millones de dólares y ya no podía hacer frente a los pagos. Una vez más, sus acreedores estaban tras él. Esta vez se vio forzado a ceder el 49% del hotel a Citybank y a cinco acreedores más. Se le otorgaron condiciones más favorables para pagar el dinero que debía y mantuvo su cargo de "ejecutivo principal", pero se le negó un sueldo y cualquier opinión en el manejo cotidiano del hotel.

Doug Heller, director ejecutivo del Consumer Watchdog habló así de él:

> "Es un tipo que ha fallado tan miserablemente tantas veces, y no es como si hubiera tenido que partirse la cara para regresar después de siete años en el infierno crediticio. Solo dijo 'Muy bien, esto ya no es mi problema'. Para él, todo ha sido solo una plataforma hacia el siguiente proyecto con el cual hacer dinero".

#3 –2004– *Trump Hotels & Casino Resorts, Inc.*

Trump Hotels & Casino Resorts, Inc. fue una compañía inversionista para el Trump Plaza en Atlantic City. Se volvió pública en 1995 y levantó más de 130 millones de dólares de inversionistas en su oferta pública inicial. Subsecuentemente, compró Trump Marina y Trump Taj Mahal bajo su paraguas. También había acumulado 1,800 millones de dólares de deuda para 2004. Una vez más, Trump se declaró en bancarrota. Esta vez, se vio obligado a reducir su participación en la compañía de 47% a 25%. Así es como perdió el control de la compañía y el control de su nombre.

¿La respuesta de Trump? "No creo que sea un fracaso, es un éxito" afirmó.

A finales de año, en una entrevista declaró que la marca Trump era más grande que Pepsi Cola, y señaló que para él, Atlantic City solo era un grano de arena de la playa. "Los casinos representan menos de 1% de mi valor total, ¿está bien?" En los días siguientes a esta bancarrota, Trump presumió a CNN: "Esto es una mínima parte de mi valor total, es menos que un 2%".

#4 –2008– Trump Entertainment Resorts

LosTrump Hotels & Casino Resorts emergieron de la bancarrota en 2005 mal parados. No estaban haciendo las actualizaciones necesarias, había problemas con el manejo de los casinos, la compañía estaba cargada de deudas, y ahora había competencia fresca. Cuando la economía cayó en 2008, también lo hicieron sus compañías tenedoras de bienes raíces. Cuando los ingresos de los casinos se tambalearon, no lograron el pago de intereses con el bono por 53.1 millones de dólares. De repente, Trump y su hija Ivanka renunciaron al consejo de la compañía y se distanciaron rápidamente de la operación. "Aparte de que usen mi nombre, no tengo nada que ver con la compañía". Pero 48 horas después de su renuncia, ésta se declaró en bancarrota. En sus tres casinos, la declaración decía contar con 2,600 millones de dólares en activos y 1,740 millones en pasivos.

Esta vez, los bancos redujeron la deuda de la compañía de cerca de 2 mil millones a 500 millones y Trump logró conservar el 10% de la compañía. "Estamos felices, es un gran triunfo", afirmó Trump en una entrevista con el New York Times.

#5 –2014– Trump Entertainment Resorts

Al ser expulsado del manejo de la compañía, Trump solo conserva un interés minoritario en los Trump Entertainment Resorts, si bien estos mantienen su nombre. Sin embargo, le encanta  hablar de la gran cantidad de "edificios que tiene", cuando lo que debería decir es de "los edificios que tienen mi nombre", y es adecuado que esta 5ª bancarrota sea incluida en nuestra lista, ya que la compañía y el casino aún tienen su nombre. Después de todo, es su legado… pero es un asunto espinoso.

Cuando se declaró esta quinta bancarrota en 2014, en Atlantic City solo quedaban dos casinos Trump. El tercero, Trump Marina Hotel & Casino, ya había llegado a su fin., había cerrado sus puertas. El Trump Plaza Hotel & Casino pronto siguió y de hecho cerró también sus puertas poco tiempo después, en septiembre de 2014. Solo quedaba el Taj Mahal; y es una historia triste. Sus activos eran de 100 millones de dólares contra sus pasivos totales por 500 millones. Y si bien, Trump demandó para retirar los restos de su nombre de la propiedad, en abril de 2016 su nombre seguía vivo, aunque "no tan bien parado", en Atlantic City.

¿Quiénes fueron los verdaderos perdedores?

Al hablar sobre Trump, Lynn M. LoPucki, experto en bancarrotas y profesor distinguido de leyes en la Escuela de Leyes de la UCLA, señala que resulta muy inusual que alguien que tenga tantos grandes negocios recurra a la bancarrota. También resalta el hecho de que la mayor parte de la deuda de Trump fue mediante bonos vendidos al público. "La gente sabía quién era Trump, y por eso confiaron en los bonos pero salieron raspados," afirmó LoPucki. "Los que invirtieron con él o basándose en su nombre perdieron dinero, pero él salió bastante bien librado." El valor de sus bonos de casino cayó de 35 dólares por bono a 25 centavos de dolar. Quien compró sus bonos perdió el 99% de su dinero".

Existe otra categoría de perdedores: los 12,000 trabajadores que tuvieron algún empleo en cualquiera de los 3 casinos de Trump en Atlantic City y que ahora están desempleados o viven bajo la amenaza de que cierre el Taj Mahal.* Muchos de ellos

---

* Cuando se escribía este libro, el Taj Mahal estaba a punto de colapsar,

consideran como la principal causa de su pérdida la imprudente adquisición de estas propiedades cuando no podía pagarlas, así como el hecho de haber extendido su deuda más allá de lo que cumpliría con los pagos.

Sin vergüenza, sin culpa y sin remordimiento, hago lo que hago para recortar un poco de deuda

Todos pueden cometer un error. Todos pueden perder en una mala inversión. Todos pueden verse involucrados en circunstancias más allá de su control. Y todos pueden causar daños o angustias sin querer. Pero la mayoría de nosotros mostraría algo de remordimiento por el daño que nuestras acciones provocan en los demás. Las quiebras de Trump son enormes, y causan más daño que muchas otras, pero él ni se arrepiente ni pide perdón. En una entrevista a CNN explicó:

> "He usado las leyes de este país para recortar deuda. Tenemos una compañía, la hacemos quebrar, negociamos con los bancos, hacemos un trato fantástico. ¿Sabe? Es como El Aprendiz: 'No es personal; es solo un negocio'".

La bancarrota es un grave error del sistema capitalista. No hay nada peor, a excepción del fraude. Desde esa perspectiva, podría decirse que Trump es uno de nuestros más grandes fracasos en el país.

¿Eso lo califica para sacar a los Estados Unidos de su crisis de deuda?

y se calificaba como el segundo casino con peor desempeño de la deprimida Atlantic City además de estar sujeto a una gran deuda.

9

La escuela del escándalo de Trump

Once años atrás Trump lanzó su *Trump University*. Hoy enfrenta tres demandas por parte del fiscal de distrito de Nueva York y tiene a miles de estudiantes disgustados que aseguran que no recibieron lo que les fue prometido.

Los hechos han sido claramente dados a conocer. En particular, Steve Brill del *Times Magazine*, examinó a profundidad los documentos de la corte. De acuerdo con éste, los dos casos que se presentaron en San Diego a nombre de miles de estudiantes, aseguran que Trump "está defendiendo un producto que defraudó a miles de consumidores vulnerables, una gran mayoría de los cuales eran adultos mayores". Los registros de la corte muestran que la *Trump University* cobró aproximadamente 40 millones de dólares de sus alumnos que incluían veteranos, oficiales de policía retirados y maestros. Trump recibió personalmente 5 millones de dólares a pesar de que asegura haber iniciado el proyecto de la universidad como una organización de beneficencia.

Los alumnos pagaron una cuota inicial de 1,495 dólares y luego fueron presionados para pagar programas adicionales de asesoría, que les aseguraron les revelarían los secretos del señor Trump para ganar un millón de dólares en el negocio de bienes raíces. Estos programas costaban entre 9,995 y 34,995 dólares.

Trump prometió a sus estudiantes que expertos, seleccionados por él mismo, serían quienes les impartirían las clases. De acuerdo con los documentos de la corte, ahora él alega que no tuvo nada que ver en la elección de los maestros.

En los videos promocionales de la *Trump University*, prometió lo siguiente: "tendremos profesores y profesores adjuntos. Tendremos personas maravillosas, cerebros maravillosos, lo mejor de lo mejor". Los documentos demuestran que la mayoría de los profesores no tenían ninguna experiencia en bienes raíces, y mucho menos en inversiones. Algunos de ellos estaban inmersos en procesos de bancarrotas.

El juez permitió que uno de los dos casos presentados en San Diego fuera presentado bajo la ley RICO, *Racketeer Influenced and Corrupt Organizations* (Ley de Extorsión Criminal y Organizaciones Corruptas).

7,611 personas asistieron a las clases pagadas mientras que otras 80 mil asistieron a los seminarios gratuitos. Las autoridades de Nueva York y Maryland ordenaron a Trump que eliminara la "U" del nombre de la escuela, ya que no cubría los estándares de una verdadera universidad. El nuevo nombre es *Trump Entrepreneur Initiative*.

El *Better Business Bureau* (Procuraduría del Consumidor) bajó la calificación de la *Trump University* de A a D–. Las demandas y contra demandas hacen que sea difícil determinar cuál fue la calificación de la universidad antes de que se viera obligada a cerrar sus puertas.

Trump se basa en una encuesta de 10 mil estudiantes que "desvariaban" para demostrar que el 98% de los alumnos estaban contentos con el servicio. De acuerdo con documentos de la corte, la universidad solo tuvo un total de 7,611 estudiantes que pagaban. Por lo que algunos, si no es que los 10,000 completos, debieron ser aquellos que asistieron a los seminarios gratuitos. En cuanto a dicha encuesta, Kim Wardlaw, juez del *Federal Ninth*

Circuit Court of Appeal (Noveno Circuito Federal de Apelaciones) dictaminó en una de las mociones que Trump perdió: "Los escándalos recientes por fraude que involucran a personas que alguna vez fueron genios de las finanzas, como Bernard Madoff... demuestran que las víctimas de los artistas del engaño a menudo alaban a sus victimarios hasta el momento en que se dan cuenta de que fueron estafadas". Trump se refiere a las acciones legales en contra suya como "casos civiles menores" y promete ganarlos todos cuando vayan a juicio en tres años, más o menos. Tal vez tenga razón. Al menos en el caso de Nueva York, un juez determinó que varias de las demandas en contra de la *Trump University* no proceden debido a que los plazos de prescripción ya vencieron. Sin embargo, cuando Trump procedió por calumnias contra una de las primeras demandantes que presentara quejas ante el *Better Business Bureau* y la compañía de su tarjeta de crédito, la corte rechazó la demanda de Trump y le otorgó 790,000 dólares a la mujer para cubrir sus gastos legales.

El mono de 270 kilos sentado en el rincón con orejas de burro

- De acuerdo con documentos de la corte, un tercio de las personas que se inscribieron al programa de 3 días de 1,495 dólares (2,144 de 6,698) solicitaron y recibieron el reembolso.
- De acuerdo con documentos de la corte, la gran parte de integrantes de la demanda colectiva también aseguran haber solicitado reembolsos pero no les fueron otorgados porque no los solicitaron dentro del plazo de 72 horas de haber iniciado el programa.

En resumen: 33% de los alumnos de la *Trump University* que pagaron y demandaron, recibieron de vuelta su dinero. Varios más aseguran haber pedido reembolsos pero no se los dieron. Conservadoramente estas cifras demuestran que más del 50% de los estudiantes de Trump estaban altamente insatisfechos. Trump no rebate estos hechos. Admite que pagó millones de dólares a los estudiantes insatisfechos y dice que eso es una "prueba" de que la *Trump University* era "honorable".

Esto no es simplemente una cuestión de alguien que da una opinión ligeramente desfavorable como por ejemplo: "los profesores estaban bien y el plan de estudios fue algo útil para mí". No. Esto habla de un 50% de personas que inicialmente eran admiradores de Trump y que se sintieron tan traicionadas por lo que recibieron en la *Trump University* que llegaron hasta el extremo de demandar para que les devolvieran su dinero.

Esto no tiene nada que ver con "encuestas" o "porcentajes de aprobación". Estamos hablando de la calidad de un producto de Trump y del grado en el que él cumplió con la promesa del servicio hecha a sus estudiantes.

La escuela ya está cerrada. El hecho de que Trump gane en la corte contra un puñado de alumnos dentro de tres años resulta irrelevante. No es muy importante, pero la *Trump University* fue un fracaso y Trump debería de reconocerlo simplemente.

10

Trump: "México no es nuestro amigo"

Por más de 100 años algunos mexicanos y otros latinoamericanos han venido a los Estados Unidos en busca de una vida mejor. Ya sea que lleguen legal o ilegalmente, la mayoría de ellos han sido bien recibidos en el país (oficial y extraoficialmente). Han demostrado ser muy buenos trabajadores y rápidos para aprender y, en muchas áreas, se han convertido en la columna vertebral de industrias tales como la construcción y la agricultura. Han estudiado en escuelas y se han graduado de universidades estadounidenses, se han casado, han tenido hijos y se han convertido en abogados, médicos, ingenieros y han salido adelante como valiosos integrantes de muchas comunidades de Estados Unidos.

No obstante, Trump inició su campaña presidencial mediante una proclamación al público que decía que "México no es nuestro amigo… mandan gente que tiene muchos problemas. Traen drogas. Traen crimen. Son violadores".

Ha prometido deportar a 12 millones de mexicanos y otros latinos en su primer día en el cargo. Descubrirá lo mismo que descubrieron los alemanes hace 75 años: *que no hay trenes suficientes.*

Trump nos ha dado una clave para saber por qué piensa como lo hace: aceptó que su principal fuente de información sobre asuntos internacionales es la televisión. Hace tiempo, cuando era niño, sin duda formó su criterio acerca de los latinos al ver películas de Pancho Villa.

Pancho era un verdadero bandido, pero uno con estilo. Él mismo fue a Hollywood a protagonizar las películas sobre su pintoresca vida.

Lo que Trump nunca descubrió (quizá porque la TV de su papá se había roto ese día) es que Villa era un bandido que se convirtió en general de la revolución y eventualmente llegó a ser héroe nacional.

El tiempo avanza, pero las ideas de Trump no mucho.

El comercio estadounidense con México

El tratado que rige las relaciones comerciales entre México y Estados Unidos se llama NAFTA (North American Free Trade Agreement) (Tratado Norteamericano de Libre Comercio). Éste

COMERCIO ESTADOS UNIDOS-MÉXICO

En billones de dólares americanos

■ Importaciones de U.S.   ■ Exportaciones de U.S.

Fuente: U.S. Census Bureau, Foreign Trade Division.
www.census.gov

se negoció por un presidente republicano (George H.W. Bush) y fue ratificado por las mayorías republicanas tanto en el senado, como en la cámara de representantes en 1994.

Trump afirma que el NAFTA es un "acuerdo terrible" porque crea un "déficit comercial" para Estados Unidos. En otras palabras, hay más importaciones desde México que exportaciones hacia ese país. No ha tomado en cuenta que 14 de los 15 socios comerciales de los Estados Unidos, también mandan más bienes y servicios hacia Estados Unidos de los que reciben. (De esos 15 países, solo Holanda, que es responsable del 1.6 por ciento del total de las exportaciones comerciales, manda menos productos a Estados Unidos de los que importa).

Otra cosa que el Señor Trump no observó es que todos esos países no podrían vender a Estados Unidos si los norteamericanos no estuviéramos más que dispuestos a comprarles. Lo hacen porque nosotros los norteamericanos nos hemos convertido en las personas más consumidoras en la historia del mundo. Compramos tres camisas cuando solo necesitamos una, conducimos dos autos cuando solo podemos pagar uno, compramos casas que están fuera de nuestros presupuestos y nos endeudamos cada vez más y más para satisfacer esta costumbre.

Hace veintidós años Canadá y México entraron al NAFTA con incertidumbre. Ahora Canadá se ha convertido en el 1er socio comercial y México en el segundo mercado de exportaciones más grande de Estados Unidos, así como en el 3er lugar de comercio en general.

Juntos México y Canadá son responsables de más de un tercio del comercio internacional de Estados Unidos. Los economistas y la mayoría de los grupos de intereses especiales consideran que el NAFTA ha sido un gran beneficio económico para los países y para la región como un todo.

Entonces, ¿Por qué Trump está tan en contra? Porque lo que él hace mejor que nada es culpar a otros.

La economía norteamericana no está bien. Muchos empleados norteamericanos apenas logran sobrevivir con sus salarios. Varios necesitan dos empleos para salir adelante. Muchos otros no encuentran trabajo. Es tan fácil culpar a México por "robar" los trabajos de los norteamericanos, o culpar a China o a la *Ford Motor Company* o a los demócratas. ¡Construyan un muro! ¡Pongan más impuestos a los productos mexicanos! ¡Háganle la vida difícil a las empresas que tengan fábricas en el extranjero! Es fácil hacer amenazas como esas. El hecho de que sea fácil iniciar una guerra comercial no significa que dará como resultado mejores condiciones en Estados Unidos o en algún otro lugar.

¿Qué podemos esperar que suceda si Trump inicia una guerra comercial, por ejemplo, al cumplir con su amenaza de imponer 35% de impuesto sobre las autopartes mexicanas? ¿Qué pasaría si rompe el NAFTA? Para empezar, millones de empleos se perderían en ambos lados de la frontera. Y en México, el surgimiento de un partido político radical con una actitud más fría hacia los Estados Unidos, provocaría que las relaciones entre ambos países fueran mucho más problemáticas.

Trump sabe que su plan de acción no haría más que causar problemas. ¿Cómo lo sabemos? Las demandas colectivas que enfrenta Trump y la *Trump University* son presididas por el juez de distrito de los Estados Unidos, Gonzalo Curiel. Trump se ha quejado mucho acerca de que el veredicto del juez Curiel no será justo porque éste es de ascendencia mexicana. (Nota: Curiel nació en Indiana y es tan estadounidense como Trump).

Trump está consciente de que sus comentarios y amenazas hacia los mexicanos y los norteamericanos de ascendencia hispana son suficientemente incendiarios como para que el juez no lo vea con buenos ojos. Claro que Trump podría evitar esto si respetara a la gente y tratara a los demás de la misma manera en que él quisiera ser tratado. En vez de eso culpa al juez aun cuando éste ha hecho su mejor esfuerzo para ser justo con Trump, por ejemplo, aplazando el juicio de la *Trump University* hasta después de las elecciones de noviembre.

Hay muchas maneras de lograr cosas en la esfera internacional. Una es por medio de la cooperación y la coordinación. La otra es mediante amenazas y extorsión. Los diplomáticos y los buenos líderes utilizan la primera. Los bravucones y los mafiosos usan la segunda.

Afortunadamente el NAFTA es un tratado. El congreso de los Estados Unidos lo ha ratificado. Incluso si Trump fuera electo, no puede cancelarlo a voluntad. Pero si fuera electo y tuviera de su lado a un congreso republicano, el NAFTA muy pronto podría ser cosa del pasado.

El gran muro mexicano que Trump desea construir

Hay tres preguntas relevantes sobre el gran muro que Trump quiere construir en la frontera con México:

1. ¿Podrá el señor Trump construir físicamente una pared a todo lo largo de la frontera con México?
   Respuesta: Sin duda.
2. ¿Podrá el señor Trump hacer que México lo pague?
   Respuesta: Probablemente sí.
3. ¿Será una buena idea construir el muro?
   Usted decida. Continúe leyendo.

Los muros, ¿funcionan?

En alguna época sí. Pero no recientemente. Hace mil años una pared amurallaba toda ciudad que se preciara de serlo. Por cientos de años, las murallas eran una buena estrategia para resguardar el oro y la seguridad de la ciudadanía; después ya no lo fueron. Se encontraron varias formas de traspasar los muros, por debajo, por arriba o a través de ellos. Los porteros eran sobornados, comprados con trucos, tanto así que de allí surgió el famoso dicho que dice "cuidado con los regalos rodantes griegos".

La gran muralla de China

La muralla más impresionante del mundo es la gran muralla de China. Se comenzó a construir en el año 300 A.C. por el emperador Qin, con el propósito de dar trabajo a sus soldados, que en esa época no tenían nada mejor que hacer. Tardaron 1500 años en construirla. Además del costo de los materiales, más de 400,000 hombres murieron durante su construcción. La gran muralla de China fue construida encima de las crestas de las montañas. Cualquier enemigo potencial tendría que escalar mil metros de altura de acantilados escarpados antes de siquiera llegar a la muralla. Después se encontraría frente a una base hecha por el hombre que añadiría otros cinco a diez metros. Tan solo la muralla medía diez metros de altura en su mayoría, rematados por terraplenes de otros diez metros o más altos.

Compare la majestuosidad de la gran muralla con la pared de mala muerte de 6.5 metros de altura que Trump propone para la frontera con México a ras de suelo.

¿Y lo irónico? Nunca impidió de manera efectiva que los invasores entraran a China por el norte. Ni siquiera un poco. Ni una vez. Aquellos que vinieron pasaron a través de ella.

El Muro de Berlín

La Muralla más importante del siglo XX fue el muro de Berlín, construido por el ejército de Alemania Occidental en 1961, bajo las órdenes del primer ministro ruso. Esta pared fue hecha de concreto con 3.5 metros de altura. Su principal función era la de mantener a las tropas del oeste fuera de Alemania del Este, pero también sirvió para detener el flujo de inmigrantes alemanes del este, que se decía era de 1,500 por día. Los aliados del este respondieron construyendo su propia muralla limítrofe.

¿Cómo funcionó el muro? No muy bien. Inmediatamente se convirtió en punto focal de tensión entre el este y el oeste dando pie a elevar la rigidez entre ambos bloques. Pronto tanques rusos y americanos se enfrentaban cara a cara en el *Checkpoint Charlie.* El oeste temió una inminente invasión de los rusos soviéticos. Se incrementó el volumen de tropas acompañadas de tanques a ambos lados del muro. Era tan serio que el Presidente Kennedy consideró el uso de las armas nucleares. Washington y Moscú se alistaban para la guerra.

Y entonces Kennedy la desactivó. ¿Cómo lo hizo? Ni con más tropas, ni con más armamento. Tampoco con una muralla más grande. Lo hizo con comunicación. Envió a su hermano Robert para formar un canal trasero que permitiera comunicaciones personales entre la Casa Blanca y el Kremlin. A través de ese contacto directo se aseguró que cada uno de los líderes condujera la retirada de sus fuerzas armadas. Un muro es lo opuesto a la comunicación. Se puede construir el muro más brillante y precioso, pero si se quieren resolver situaciones, eventualmente se necesitará recurrir a la comunicación.

El desmantelamiento del Muro de Berlín en 1989, constituyó un gran evento para Europa. Fui a Berlín poco tiempo después de que fuera derribado el muro. Era imposible decir quién estaba más feliz: los del este o los del oeste. El pedazo de muro que traje conmigo sigue adornando mi oficina. No es un trofeo, pero sí es un recordatorio de que los muros no son la respuesta.

El Muro mexicano

La longitud de la frontera que compartimos con México es de aproximadamente 3,200 kilómetros. Es la frontera internacional más transitada de todo el mundo, con cerca de 230,000 personas que cruzan legalmente cada día. Poco más de una tercera parte ya ha sido bardeada con muy malos resultados en cuanto a evitar el paso de ilegales hacia los Estados Unidos. Se estima que los siguientes 1000 kilómetros de construcción de un muro en la frontera tendrían un costo de 10 millones de dólares por cada kilómetro y medio o más en algunos lugares. Nadie se compromete a un número duro porque es claro que los costos se elevarían tan pronto empezará el proyecto. El número final para terminar el muro podría sobrepasar el trillón de dólares.

Parafraseo la respuesta del actual presidente de México al plan de Trump: "No way Jose" (de ninguna manera José).

Cuando Trump escuchó el rechazo del mandatario mexicano, dijo: "la altura del muro acaba de aumentar 3 metros". Los mexicanos sonrieron ante esto y se dijeron que Trump podía construir un muro tan alto como quisiera, porque de cualquier manera no tendrán que brincarlo (al parecer los mexicanos son unos maestros en el arte de construir túneles). Solo vea esta foto de algún túnel actual construido debajo del muro en la frontera.

Para el señor Trump no es improbable hacer que México pague por el muro a través de amenazas, chantaje o algunas otras presiones ejercidas al débil presidente de México. Este es un caso en el que ganar podría ser equivalente a perder. Si el presidente mexicano cae en la coacción de Trump y acepta construirlo, será considerado como un perdedor para los mexicanos y quizá su partido no gané otra elección en el futuro inmediato. Partidos mucho menos amigables con los Estados Unidos serían electos en su lugar.

Estuve en la ciudad de México en marzo durante la semana del "Super martes". Después del debate republicano que siguió al triunfo de Trump, los periódicos mexicanos estaban repletos de fotografías suyas llamándolo "falso" y "mentiroso". La gente que entrevisté sobre el tema estaba perpleja sobre cuál era la causa de que Trump quisiera comenzar una pelea contra ellos. Ésta no es una situación reciente. El Presidente Eisenhower enfrentó una situación similar hace 65 años. Se estimaba que más de un millón de ilegales cruzaban cada año la frontera. Él lo resolvió con tal solo 1,075 agentes fronterizos, cerca del 10% del número de agentes que actualmente ocupan esos puestos. Einsenhower era reconocido por su recio apego a la aplicación de la ley. Deportó haciendo mucho ruido a un pequeño grupo de personas que se encontraban ilegalmente en los Estados Unidos. Al mismo tiempo, implementó una solución verdadera creando un programa de trabajadores invitados, permitiendo así que cada año unos cuatrocientos mil mexicanos se registren en el país en empleos temporales. Si se logró con la tecnología de aquella época, ahora el programa podría ser re-implementado y expandido de forma segura para que resultara infinitamente más barato y mucho más efectivo que gastar un trillón de dólares en un muro.

Y hablando de la seguridad, existen quienes afirman que un muro podría de alguna manera aumentar la seguridad en relación a ataques terroristas. Pero, ¿cómo podría suceder esto? Ninguno de los terroristas del 11 de septiembre llegó a los Estados Unidos por la frontera sur. Ninguno de los perpetradores de algún acto terrorista cometido en territorio estadounidense en los últimos 10 años cruzó la frontera nadando a través del río Bravo. ¿Por qué lo harían si pueden llegar volando en primera clase desde Turquía o Madagascar, España o Italia?

Y ¿sobre el tema de la introducción de drogas?, vea la siguiente sección.

¿Podrá un muro mexicano reducir el problema de drogas en los Estados Unidos?

No mucho, desafortunadamente. De las cuatro principales drogas ilegales (heroína, metanfetaminas, marihuana y cocaína), aquellas personas que están a favor del muro aseguran que se disminuirá el flujo de heroína y cocaína que entra a los Estados Unidos desde México. Pero de acuerdo con la *U.N. Office*

Las tres principales rutas de droga a los Estados Unidos

of Drug Trafficking (Oficina de Tráfico de Drogas de la O.N.U), existen al menos tres rutas por las que viaja la cocaína desde Perú y Colombia hacia los Estados Unidos. En la actualidad la mayoría del tráfico pasa por la frontera terrestre, pero hace tan solo unos años más del 50 % entraba por vía marítima por las costas de Florida y California. Esas rutas continúan estando disponibles para los cárteles si el cruce por la frontera se torna muy complicado. Un muro sería como tapar un agujero para ver cómo se abren otros por diferentes lados. Las drogas causan un daño terrible para la sociedad. Un fiscal público de Atlantic City dijo: "se debe de eliminar la demanda para poder acabar con la distribución criminal de drogas". Existen soluciones muy poderosas para esta escoria que detendrían efectivamente el tráfico de drogas, pero no tienen nada que ver con un muro y están mucho más allá del alcance de este libro.

Latinos por Trump

Aunque a Trump le encanta presumir que los "latinos lo aman", las encuestas en Estados Unidos dicen justo lo contrario. Solo un número muy pequeño de latinos están a favor de él.

Casi todos los funcionarios diplomáticos de los países latinoamericanos han expresado (de forma oficial o extraoficial) confusión, preocupación o desdén hacia Trump. Varios famosos artistas latinoamericanos lo han denunciado basándose en la idea de que un ataque a la comunidad mexicana es un ataque a todas las comunidades hispanas en los Estados Unidos y en el resto de Latino América. Enrique Peña Nieto, el presidente de México, lo ha comparado con Mussolini y Hitler.

Una de las excepciones es el presidente de Ecuador, el izquierdista Rafael Correa. Su opinión es que la presidencia de Trump sería mala para Estados Unidos pero buena para América Latina, porque impulsaría los movimientos izquierdistas en la región. Señala el surgimiento de líderes progresistas que han llegado al poder en Argentina, Bolivia, Brasil, Ecuador y Venezuela durante la presidencia de George H.W. Bush y hace la comparación con las políticas "primitivas" de Trump que aislarían a una gran parte del mundo con efectos similares a los sucedidos en la administracion política de H.W. Busch.

El único otro líder importante del mundo que está a favor de Trump es el presidente de la federación rusa, Vladimir Putin, y no intentaremos siquiera discutir acerca del hecho de que a Putin le interese el éxito y la prosperidad de Estados Unidos.

11

China y la manipulación de las divisas

¿Internacionalistas? ¿Acaso no todos lo somos?
No hay escape, el mundo es demasiado pequeño.

Albert Einstein es una de las personas más reconocidas de nuestro tiempo. Era un alemán orgulloso que renunció a su país natal cuando se convirtió en una dictadura y luchó activamente contra él durante la Segunda Guerra Mundial. Podemos atribuirlo al hecho de que él era judío, pero aun si así fuera, sin duda era un judío muy extraño. Uno que no se pararía ni muerto en una sinagoga. Lo que realmente era, era un "internacionalista" —alguien que estaba a favor de una mayor cooperación económica y política entre las naciones. Esta no es una condición absoluta. Cualquier relación entre naciones puede estar sujeta a mayor o menor cooperación. Estados Unidos de Noerteamérica alguna vez se sintió totalmente inmune contra los ataques militares, con enormes océanos al este y al oeste protegiendo sus costados, un México sub desarrollado al sur y unos cuantos guardias reales canadienses de la policía montada patrullando los bosques. Éramos intocables. Al pasar el tiempo, cosas como los misiles balísticos intercontinentales, los portafolios de bombas nucleares, los submarinos atómicos y la amenaza de armas láser al estilo *Guerra de las Galaxias* fueron gradualmente erosionando nuestra seguridad. Los acontecimientos del 11 de septiembre oficialmente pusieron fin a esa era. El público norteamericano ya no podía seguir enterrando sus cabezas en sus pantallas planas de televisión. Por primera vez nos vimos vulnerables.

La moneda es el mecanismo mediante el cual intercambiamos bienes y servicios entre nosotros mismos y entre los países. Los candidatos republicanos, particularmente Trump, han colocado el tema de la manipulación de las divisas a la cabeza de la lista de sus soluciones para los problemas de comercio. Manipular las divisas es mantener el valor de una moneda de manera artificial para hacer que las propias exportaciones sean más competitivas a nivel internacional. De acuerdo con un reporte reciente del FMI (Fondo Monetario Internacional), más de la mitad de los países del mundo han incurrido en esta práctica de una u otra manera.

La crisis financiera de 2007-2008 empezó con un colapso de las acciones americanas, que estaban ligadas al estallido de la burbuja de la vivienda. De un solo golpe, casi toda la liquidez se esfumó de la economía norteamericana, llevándola casi al borde del colapso.

Si hubieran permitido que eso ocurriera, el valor del dólar americano habría caído en un pozo muy profundo. Para prevenirlo, el gobierno norteamericano autorizó a la reserva federal para que fortaleciera al dólar inyectando más de 800 mil millones a la economía. Otras naciones (especialmente China y la Comunidad Europea) salieron al rescate al comprar bonos adicionales de Estados Unidos. La solución funcionó. La economía estadounidense no colapsó, y tampoco lo hizo la economía mundial. ¿Podríamos acaso llamar a las acciones que tomamos para aumentar el valor del dólar, otra cosa diferente a manipulación de las divisas?

Ahora bien, Trump está contrariado con China y lo culpa de casi cualquier problema económico que enfrenta Estados Unidos. Amenaza con declararla una "manipuladora de divisas" en su primer día en el cargo y usar eso como pretexto para aplicar tarifas elevadas a las importaciones chinas. Convertir la política monetaria de China en el chivo expiatorio de todos los problemas económicos que aquejan a Estados Unidos es demasiado simplista. "Las guerras de divisas se dan en ambientes de crecimiento interno insuficiente. El país que va por este camino, generalmente se encuentra con altos niveles de desempleo, bajo nivel de crecimiento, un sector bancario débil y unas finanzas públicas muy deterioradas. En estas circunstancias, si fuéramos tan ineptos como para no poder generar el crecimiento suficiente únicamente a través de medios internos, entonces la promoción de exportaciones con una moneda devaluada se convierte en un motor de crecimiento como último recurso".* ¿La suena familiar ese escenario?

Debemos tomar cada acción posible y proporcionar toda la ayuda necesaria para convencer a las compañías americanas para que mantengan en operación sus fábricas basadas en Estados Unidos, así como convencer a las compañías que tienen fábricas en el extranjero que las traigan de vuelta a los Estados Unidos. Desafortunadamente, traer de vuelta algunos miles de empleos de China no va a solucionar nuestra deuda de crédito, nuestra deuda de automóvil, nuestra deuda de la hipoteca, nuestra deuda de estudios, nuestros problemas de servicios de salud o la inminente crisis de la seguridad social. Ni siquiera va a resolver el desempleo.

Se requiere de un enfoque que dé un impulso a la economía norteamericana hacia una dirección que la obligue a producir productos y servicios que tengan una percepción de valor para el resto del mundo. La economía de Estados Unidos sigue siendo suficientemente fuerte para lograr esto y debemos tener suficientes innovadores y emprendedores para diseñar programas que funcionen.

* Rickards, James, *Currency Wars*.

Si Donald Trump hubiera propuesto la manipulación de las divisas hace diez años, quizá hubiera tenido algún mérito, durante ese lapso la moneda china se ha devaluado en un 35% con respecto al dólar americano. A principios de 2016, China tuvo que esforzarse para mantener el tipo de cambio del yuan a la BAJA, lo cual quiere decir que si se le hubiera permitido flotar libremente, lo más probable es que el yuan hubiera subido con respecto al dólar. En otras palabras, si China pudo haber sido un manipulador de divisas en el pasado, ya no califica como tal.

Si Trump fuera presidente y cumpliera su promesa de declarar a China un manipulador de divisas en su primer día en el cargo, China podría interpretarlo (correctamente) como el primer disparo de una guerra de divisas. La economía norteamericana simplemente no es tan fuerte como para jugar en una guerra de divisas estilo ruleta rusa. China tampoco desea una guerra de divisas. Pero si nosotros la empezáramos, ellos tienen varias opciones, incluso la de enfrentarla ellos solos. China ha cultivado a varios socios estratégicos entre sus vecinos y los países alrededor del mundo. Si eligen retar al dólar americano como la principal divisa de reservas del planeta, una disfunción económica considerable se precipitaría sobre los Estados Unidos. Claro que también habría consecuencias para China si lo hiciera, pero los economistas aseguran que las consecuencias para E.U.A. podrían ser catastróficas si China quisiera dejar al dólar americano.

Camine con cuidado, Señor Trump.

12

Trump en el 6° lugar de la lista global de *The Economist*

"He sido un ganador toda mi vida, es lo que hago… ganar.
Otros no ganan. Yo sé más acerca de ganar que ninguna otra persona".
—Donald Trump

The Economist Magazine es un periódico semanal en inglés, que fue fundado por un banquero y hombre de negocios y que ha sido publicado ininterrumpidamente desde 1843. Aunque se edita en las oficinas de Londres, Inglaterra, más de la mitad de sus lectores están en Estados Unidos. La *Economist Intelligence Unit* (EIU) (Unidad de Inteligencia del Economista) es un negocio independiente dentro del *Economist Group* que ofrece predicciones y servicios de asesoría a través de análisis e investigación, a países, industrias y diversos grupos administrativos.

En mayo de 2016, la EIU publicó la lista de los **Principales 10 riesgos globales,** *y d*ebido a su actitud hostil con respecto al libre comercio, su separación de México y China, así como sus tendencias militares hacia el Medio Oriente, la EIU clasificó la presidencia de Trump en un importante lugar de riesgo, el sexto, que enfrenta el mundo de hoy. (Tome en cuenta que la puntuación de Trump (12) es la misma que la de los terroristas de la Jihad).

Puede consultar la lista completa actual y los movimientos de riesgo en: http://gfs.eiu.com/Archive.aspx?archiveType=globalrisk.

Esta no es la opinión de un solo reportero. La mayoría de los líderes del mundo comparten el mismo temor. Para llegar siquiera a tener la oportunidad de usar su capacidad de negociación, Trump tendría que lograr que dichos líderes estuvieran dispuestos a sentarse con él con una actitud cuando menos neutral. Si llegara a ser presidente, el Señor Trump tendría que convencer al resto del mundo de que sus temores son infundados, para siquiera ganar cierto grado de aceptación para sus planes.

13

El hombre de la TV
que despide a las personas

Después de ser un exitoso magnate de los bienes raíces y un fracaso como operador de casinos y, antes de convertirse en candidato presidencial, Donald Trump fue el hombre de la televisión que despide a las personas.

A pesar de promover el concepto de negociación *gana-gana* en sus libros y conferencias, *El Aprendiz,* su *reality* de televisión, es un ejemplo de todo menos de eso.

Dieciséis candidatos compiten entre sí. El primer día se dividen en dos equipos y tienen que completar ciertas tareas. Primero intentan trabajar juntos como un equipo, pero pronto todos ellos se dan cuenta de que el verdadero juego que Trump ha creado para ellos, implica que se deshagan unos de otros. Mientras que uno tras otro es despedido por Trump, la temporada se torna cada vez más tensa y sórdida a medida que los candidatos recurren a actos cada vez más salvajes para mantenerse en el *reality*.

Las habilidades verdaderas para una organización consisten en establecer un equipo con un objetivo común y mantener a los miembros con un buen nivel de comunicación entre ellos. Un reflejo de esto puede verse en el equipo familiar del Trump y sus hijos, que parecen entenderse de maravilla en los negocios. Pero nada está más lejos de eso en el mundo de "realidad" de Trump en el programa *El Aprendiz*.

Tal vez el programa haya mostrado algunas de las debilidades organizacionales del Señor Trump. Tal vez la más grande es su proclividad por hacer quedar en ridículo a sus ejecutivos. En el primer episodio de la primera temporada, los hombres duplicaron su dinero al completar la tarea que les fue asignada. Duplicar tu dinero en un solo día no es motivo de burla, particularmente cuando los hombres no se habían visto nunca antes y mucho menos habían trabajado juntos. En cualquier escenario de la vida real ellos debieron recibir felicitaciones.

Por otro lado, las mujeres triplicaron su dinero. Lo lograron vendiendo un poquito de sexo con limonada. "Compras un vaso de limonada por 5 dólares y te doy un beso". Si creemos en la teoría de los genes, como él, nos preguntaremos si esto era un comportamiento que él esperaba, tomando en cuenta el origen de la fortuna de su abuelo. Pero no necesitamos remontarnos a tanto tiempo: todos los casinos se dedican también al negocio de la "carne" en menor o mayor grado, incluyendo aquellos en los que Trump estaba involucrado. Lo más apropiado para *El Aprendiz* sería llamarlo un programa de "irrealidad", ya que el perverso contexto en el cual se llevaba a cabo la tarea representaba un escenario irreal, más al estilo de *El señor de las moscas*.

Las prácticas profesionales verdaderas son una valiosa experiencia, tanto para los negocios, como para la vida. Una vez completado un periodo de entrenamiento, el aprendiz pasa algún tiempo practicando lo que aprendió bajo la supervisión de un profesionista más experimentado. Esto es vital para perfeccionar las habilidades dentro de una amplia gama de profesiones, desde chefs, plomeros, carpinteros, fotógrafos, diseñadores y ejecutivos de publicidad, hasta presidentes ejecutivos y directores generales. El padre de Trump dedicó tiempo a su hijo enseñándole la profesión en las obras de construcción desde los inicios de su carrera. Si Trump cree que un programa de TV tiene algo que ver con qué tan exitoso puede ser un programa de prácticas profesionales en el mundo real, tal vez sea porque quedó demasiado atrapado en el ambiente corporativos de los negocios en los casinos, en donde se despedazan unos a otros.

Pero podrían decir, "es solo un programa de realidad de televisión". "Es Hollywood".

Pues no tanto. Al Glasgow, el leal asesor de Trump en el casino de Atlantic City, cuando le describió a David Johnston el Atlantic City Trump Team (Equipo de trabajo de Trump), le refirió un escenario de constante caos, intrigas de oficina y estrategias para deshacerse unos de otros. Glasgow movió la cabeza en señal de consternación e incredulidad ante la costosa guerra interna entre los ejecutivos de Trump, que él mismo llamó "crimen desorganizado". En lugar de traer negocios y hacer dinero, se apuñalan unos a otros por la espalda, y todos están ocupados tratando de inventar maneras de perjudicar al otro para congraciarse con Donald".

Él hablaba de la vida real en el casino de Trump, no de un programa de televisión.

14

Cuánto vale Trump

¿Cuánto vale Donald Trump realmente? La respuesta a esa pregunta se ha convertido en el deporte favorito de los analistas financieros y noticiosos, y Trump no se las pone fácil, ya que cambia las cifras según el humor con el que esté.

En 1990 cuando aseguraba valer 3,000 millones de dólares, pero no podía hacer los pagos de los intereses de sus créditos, sus banqueros determinaron su valor neto en 295 millones de dólares. (Ver Johnston).

En 2005, Deutsche Bank valuó su fortuna en 640 millones de dólares, al mismo tiempo que Trump aseguraba que era de 3,600 millones de dólares.

En julio de 2015 Trump afirmó que su valor neto era de 10,000 mil millones de dólares, mientras que Forbes lo colocó más bien cercano a los 4 mil millones.

Cuando unos abogados le preguntaron su valor neto en un interrogatorio en 2007, su respuesta fue, "mi valor neto fluctúa y sube y baja con los mercados y con las actitudes, y con los sentimientos, incluso con mis propios sentimientos".

El tema de su valor ha sido un punto sensible para Trump. En una ocasión demandó al autor Timothy O'Brien por 5,000 millones de dólares por subestimar su valor. (Trump perdió la demanda). CNN reportó que Trump inflaba su valor neto al hablar de los miles de millones de dólares que él quisiera que valiera su nombre. (Pregunte al ahora clausurado Trump Atlantic City Casino cuánto vale el nombre).

Usted verá el nombre "Trump" estampado en un edificio. Pero, ¿él será realmente el dueño? ¿Lo habrá construido? ¿O alguien habrá pagado por el derecho de usar su nombre? Tomemos como ejemplo el edificio de 52 pisos llamado *Trump International Hotel & Tower*. Está presente en la página de la *Trump International Collection*. Trump lo llama una de sus propiedades. Usted podrá pensar que él es el propietario porque su nombre está estampado afuera con luces brillantes. No exactamente. Él solo es dueño de algunos de los condominios, el restaurante, el estacionamiento que está abajo y las antenas del techo. Lo mismo sucede con el nuevo hotel que está en el centro de Manhattan que se llama *Trump Soho*. Él no lo diseñó ni tampoco lo construyó, así como tampoco invirtió su capital. Pero lleva su nombre.

Tal vez nunca sabremos cuánto vale realmente porque su compañía es privada y no está obligado a revelar su valor. Además, ¿a quién le importa? Nada de lo que hemos mencionado tiene que ver con su verdadero valor. Y esto es porque solo estamos considerando las cosas que él posee, cuando en realidad él es mucho más que eso.

Trump es más que avaricia

> *"Toda mi vida he sido codicioso".*
> —Donald Trump

Es fácil confundir lo que una persona posee con lo que una persona es. En verdad, lo más obvio de alguien son las cosas que tiene. Es muy fácil juzgar a las personas por lo que poseen porque resulta fácil verlo y contarlo. Cinco casas son más grandes y mejores que una sola; los reyes tienen palacios, mientras que la mayoría de las personas podrían decir que no hay nada peor que no tener ni una casa. Los analistas políticos cuantifican las hojas de cálculo porque son fácilmente cuantificables. Pero la mayoría de las personas concuerdan en que las cifras de un estado de cuenta no dicen mucho acerca de una persona.

Tomemos como ejemplo a los presidentes. Si Trump ganara en las próximas elecciones, sería el presidente más rico de los Estados Unidos. Pero la cantidad de ceros que acompañan al nombre de un presidente nunca ha sido la medida de su potencial de éxito. Si tomamos en cuenta a dos de los mejores presidentes de la historia de Estados Unidos, Lincoln era uno de los más pobres, mientras que George Washington era uno de los más ricos.

Lo que tenían en común fueron sus actos. Ambos pusieron el servicio al país —y a todas las personas que lo habitaban— por encima de sus intereses personales. Otra cualidad que tenían en común era su integridad.

Días tras día Trump intenta impresionarnos con la cantidad y la inmensidad de sus posesiones. En un discurso que pronunció en 2016 en Boca Ratón, Florida, intentó probar su valor ante los asistentes del estado de Florida (y demostrar qué tan buen presidente podría ser) mediante la enumeración de sus bienes. "Nadie se ha postulado para la presidencia… que haya hecho todo lo que yo he hecho… y que tenga tantos bienes". Y luego se centró en Florida *"Hablando de Florida, Doral*, nos encanta Doral en Miami"*. Cientos de acres que son posesón de Donald Trump. *"Es una de las mejores propiedades del mundo"*. De una forma u otra, siempre salen a relucir en sus discursos. Hace poco escuchamos "amo a

---

* Trump National Doral Miami es una comunidad de golf de la colección de Trump.

Carolina del Sur. Tengo unas propiedades maravillosas en Carolina del Sur". Es grandioso que tenga campos de golf en Carolina del Sur. ¿Y eso qué?

En enero de 2016, en su evento de Guerreros Heridos, nos dio una pista sobre las cosas que lo motivan: *"Toda mi vida he sido ambicioso, ambicioso, ambicioso. He almacenado todo el dinero que he podido. Soy muy ambicioso. Pero ahora quiero ser ambicioso para los Estados Unidos. Quiero almacenar todo el dinero. Quiero ser ambicioso para los Estados Unidos".*

Como lector, ¿qué piensa de la ambición? Jesús dijo: "¡Cuidado! Cuídese de cualquier tipo de ambición; la vida de un hombre no consiste en la cantidad de posesiones que tenga".* La ambición es aborrecida en el Libro de los proverbios, por el profeta Mahoma y por todas las religiones y culturas. Un político ambicioso puede ser lo último que necesite Estados Unidos en estos momentos.

En verdad, Trump es mucho más que ambición.

¿Quién o qué es Trump?

> *"Es lo que hago —yo gano. Otros no ganan.*
> *Yo sé más acerca de ganar que ninguna otra persona".*
> —Donald Trump

¿Quién rayos es Donald Trump? Los analistas mueven sus cabezas con asombro cuando intentan explicarlo. ¿Será un hombre extraordinariamente exitoso que siempre gana y cuya experiencia le permitirá arreglar todos los problemas de Norteamérica? ¿O será un racista bravucón que mira a todos con desprecio y puede sacar una pistola más rápido que John Wayne?

---

* Lucas 12:15.

Yo diría que ninguna de las anteriores.

Diría que hace un año ni siquiera era un candidato presidencial serio. Pero tal vez estaba un poco aburrido. En algún momento se le ocurrió que quizá podría llegar a ganar la presidencia y decidió intentarlo.

Desde entonces, ha tenido que reinventarse a sí mismo. Eso no es necesariamente algo malo. Todos deberíamos reinventarnos a nosotros mismos de vez en cuando.

En los pocos momentos de tranquilidad que puede encontrar en medio de la frenética carrera presidencial, quizá se de cuenta de que esto lo supera y que postularse para presidente (sin mencionar lo que implicaría dirigir al país en caso de que ganara) no es tarea sencilla.

Más allá de todas las malas relaciones que hemos mencionado en este libro, eso no es lo que "él realmente es". ¿Roy Cohn? ¿Roger Stone? ¿El cartel de casinos? El verdadero Donald Trump no los ha necesitado para tener éxito. En todo caso, solo han sido un obstáculo.

Pero de alguna forma se han aprovechado de él como lo expliqué en repetidas ocasiones en este libro, y ahora Trump necesita separarse de ellos.

Ya sea que gane o no la presidencia, ese es el único camino que él debe seguir para avanzar. Si soltara esas cadenas, realmente sentiríamos la explosión. ¿Y qué lograría con eso?

Lo más importante es saber que él es capaz de volver a confiar en él mismo de inmediato.

15

Hacer de nuevo grandioso a Estados Unidos. ¿Qué significa eso?

Podrá haber muchas cosas con las que los norteamericanos no estén de acuerdo o no les gusten sobre los Estados Unidos. De acuerdo con la Primer Enmienda, el derecho a la libertad de expresión da voz a esas personas para que puedan expresar su disgusto. El problema es que casi todos, incluyendo a la mayoría de los políticos, solo llegan hasta allí: solo critican. La mayoría de las críticas son simplemente una admisión de que uno ha fallado en vez de hacerse responsable de algo. Para que realmente sirvieran de algo, las críticas deberían ser la primera mitad de una oración que termine en "y ahora nosotros_____!!!"

Si alguien promete hacer de nuevo grande a Norteamérica, más le valdría tener un muy buen panorama de lo que significa "grandioso", así como una comprensión de los mecanismos que hacen que las cosas en la actualidad "no sean grandiosas". Aquel que no pueda decir algo más específico que "hacer grandioso a Estados Unidos" será mejor que lo olvide porque si es tan vago nunca va a lograr que ocurra.

Este es un ejemplo de la manera correcta de hacerlo. En 1928 Herbert Hoover se postuló para presidente sobre una promesa de campaña que decía: "Un pollo en cada cazuela y un automóvil en cada garaje". Eso era suficientemente claro para que todos lo visualizaran y él sabía que, al menos, podría cumplir lo de los pollos. Comparen eso con una campaña que dijera: "Algo grandioso en cada cazuela". A mí en lo personal me gusta más lo del pollo. Quizá a los vegetarianos no tanto. Pero "Algo grandioso" en sus cazuelas es tan poco específico, que podría resultar ser unos hígados de gato hervidos.

La fórmula más simple que emplean la mayoría de los políticos exitosos es:

a. Liberar a la sociedad de las cosas que están mal.
b. Usar la fuerza para exigir que se haga lo correcto.
c. Usar sus habilidades personales y encanto y seguir adelante con gran persistencia, decisión y dedicación para atraer seguidores y superar las barreras para poder llevar a cabo las reformas políticas necesarias o para mejorar un país en deterioro.

Lo primero que podría salir mal en este plan sería que la persona a cargo de su ejecución fracasara en poder identificar lo que realmente está mal. El segundo obstáculo sería utilizar la fuerza para exigir cosas que lleven al país en una dirección contraproducente o incluso destructiva.

Un defecto de Trump es que ni siquiera tiene la capacidad para poder verse a sí mismo. ¿Cuándo fue la última vez que lo escucharon disculparse o aceptar una equivocación? Eso reduce la percepción que podría tener a la hora de observar asuntos de mayor importancia. Él intenta compensarlo con lo que llamamos en capítulos anteriores su "estrella".

Se dice que no consulta las encuestas y que no tiene asesores o expertos en política exterior, ni escritores de discursos, ni directores de campaña. (Al menos, ninguno a quien él escuche). Él solo depende de sí mismo para conducir bien las cosas. Y cuando eso no funciona, gruñe. Y cuando no puede gruñir, pelea. Pero cuando pelea contra sus compañeros republicanos el resultado no es una gran solución. Su error potencial más grave es hacer un uso excesivo de su "atractivo", solo porque eso le resulta fácil. Siempre ha sido tan bueno para eso que nunca desarrolló otras habilidades.

Trump sería el primero en admitir que su compresión de la situación internacional general es muy imperfecta y que no tiene idea acerca de los pasos organizacionales necesarios para controlar a una bestia de la inmensidad del gobierno de Estados Unidos. Algunos observadores han comentado en varias ocasiones que la compañía multimillonaria de Trump opera más bien como un negocio familiar, que como una compañía clasificada dentro del *Fortune* 500. Sus coqueteos con los casinos, sus bancarrotas y la reciente dependencia que tiene en su marca, más que en crear cosas de valor, no significan que no podría comenzar a desarrollar productos más valiosos. Solo significa que no lo ha hecho hasta ahora. Tal vez postularse para presidente es un primer paso.

Además del muro mexicano, otro plan declarado a ejecutar, es tomar una gran suma de dinero de México y de China. Eso resulta muy ilógico ya que México no lo tiene, y nosotros le debemos más dinero a China de lo que ellos nos deben a nosotros. Este no es un escenario porque el que ni Trump ni nadie podría navegar a base de puro encanto hacia la victoria.

Hacer a Estados Unidos grandioso de nuevo significaría hacer que los estadounidenses fueran más productivos dándoles los medios necesarios (herramientas y materias primas) para que pudieran hacer las cosas que quieran hacer y que sean valiosas para ellos mismos y para otros. Y luego, no interferir en su camino y dejar que continúen.

En el frente internacional requeriría de una coordinación y cooperación con otros países, aunque se enfrenten algunas amenazas.

16

Un llamado personal
para el señor Trump

Para el momento en que este libro llegue a las librerías, el señor Trump ya será el candidato republicano (o, si tardé demasiado, incluso quizá ya sea presidente).

Ya sea que gane o que pierda, el mensaje necesita ser enviado.

Señor Trump, en estos momentos las personas están decidiendo si deben votar por usted o no. Hillary Clinton es conocida. Eso es tanto su fuerza como su debilidad. Por otro lado, usted es totalmente impredecible. Muchos de quienes voten por usted piensan que es muy poco probable que usted cumpla sus promesas de mejorar las cosas, pero han decidido que incluso una remota posibilidad es mejor que "más de lo mismo".

Otros temen que usted pueda destruir nuestro experimento americano de 250 años de antigüedad, o incluso poner al mundo de rodillas. Es una apuesta muy cara. Pero así es la democracia. Con todos sus defectos, no podemos negar que nos ha funcionado bastante bien.

Señor Trump. Si usted puede revisar su historia personal, desde el instante en que empezó a construir edificios en Nueva York hasta el momento presente, ni uno solo de sus proyectos, ni una sola de sus compañías, ni uno solo de sus tratos con alcaldes, comisionados de la ciudad o gobernadores, ninguno de sus casinos o sus programas de televisión —ni uno solo de ellos ha estado basado en la democracia. Nunca ha logrado nada mediante una votación y que la movida siguiente sea decidida por las opiniones de una mayoría. No hizo su primer millón de dólares o sus primeros mil millones de dólares dialogando con funcionarios municipales o con los inquilinos de sus edificios. Odia estar obligado ante una mesa directiva.

Esto no es una crítica. De muchas maneras usted no es distinto de los Rockefellers, de los Vanderbilts, del los Carnegies o de los Mellons. Ellos fueron llamados renegados y ladrones de cuello blanco, sin embargo al final se convirtieron en modelos de éxito de nuestro país.

Todos fueron hombres de negocios, justo como usted. También compartieron su desagrado por los políticos. (Cuando los republicanos intentaron convencer a David Rockefeller para que se postulara para la presidencia, su famosa respuesta fue "¿por qué debería de aceptar un descenso de categoría?"). Con ese nivel de desprecio hubiera sido un presidente terrible, y probablemente lo sabía. No era ningún tonto. Pero sin duda también sabía que ser presidente requería de un conjunto de habilidades muy distintas a las suyas.

Cuando condujo campañas para conseguir que un municipio aprobara una variación en una zona o una reducción de impuestos para poder construir un edificio, ¿qué estrategias empleó?

Todo aquel que no estaba totalmente de su lado, se convirtió en su enemigo. Los atacó por todos lados. Contrató a sus empleados para que ya no formaran parte de su equipo. Los puso unos en contra de otros. Retrasó sus progresos con la esperanza de que acabaran por ceder. Hizo amenazas, ofreció incentivos, exageró peligros potenciales, no fue cuidadoso con la verdad y degradó a cualquiera que no concordara con usted. Algunas veces esto le funcionó y otras veces no. Pero al perseguir esta estrategia, muchos llegaron a odiarlo.

Usted podrá decir que ganar un concurso de popularidad o hacer amigos no era lo que usted estaba buscando. Entonces, ¿qué importa si un alcalde de Nueva York llegara a odiarlo, al igual que muchos otros? ¿Qué importa si él piensa que sus actitudes y sus métodos son pésimos y que usted le roba a las personas y a la ciudad? ¿Qué podría llegar a *hacer? No tiene armas nucleares y está bastante limitado por ciertas normas políticas de comportamiento.*

Ese no será el caso cuando usted se enfrente ante un jefe de estado como Vladimir Putin sobre algún tema difícil que los divida, o cuando se reúna con fanáticos religiosos en busca de una solución para el conflicto del Medio Oriente, o cuando negocie un acuerdo de libre comercio con la República Popular China, o cuando intente convencer a los gobiernos de México, Venezuela o Colombia para que apoyen sus ideas.

Putin tiene armas nucleares. También Corea del Norte. Hacerlos enojar conlleva consecuencias mucho mayores que hacer enojar al alcalde de Atlantic City.

Para tener éxito necesita aprender a templar ese poder explosivo que usted tiene y utilizar más la diplomacia. Necesita empezar a tratar a los demás como usted quiere que lo traten. Usted ha dicho muy claramente que odia que los demás mientan o exageren sus defectos. Bueno, pues quizá ellos piensen igual de usted.

No importa que su trato grosero pueda no ser "presidencial". Ni siquiera es de buena educación. A lo largo de la historia ciertos valores han diferenciado a los bárbaros de las personas cultas. Ciertas virtudes han sido reverenciadas universalmente y han sido atribuidas a hombres sabios y a dioses por igual. Incluyen tratar a las personas con justicia, lealtad, amabilidad, honestidad y compasión.

Dicho comportamiento rechaza de manera inherente la falta de respeto, la grosería, el odio y la desconfianza.

Las personas que buscan las virtudes no son débiles, son sabias. Todos los Boy Scouts del mundo aprenden una versión de ellas. Incluso los Marines las conocen.*

Señor Trump, si usted llegara a ser presidente y no adopta esas virtudes, las consecuencias para su presidencia podrían resultar muy

---

* Una lista de las virtudes y sus explicaciones puede encontrarse en el libro llamado *The Way to Happiness* de L. Ron Hubbard.

severas. Y ciertamente, muchas personas alrededor del mundo temen tal eventualidad.

¿Qué pasaría si usted intenta imponer políticas de bravucón por todo el mundo? ¿Qué pasaría si usa el puño para presionar a sus amigos (aunque sea envuelto en un guante de seda)? ¿Qué pasaría si usa la rudeza en sus enemigos y esto los impulsa a llevar a cabo actos irracionales?

Señor Trump, muchas personas hablan sobre crear un mundo mejor. Pero usted podría llegar a estar en una posición en la que en verdad podría lograrlo.

Si llega a ser presidente, debería de tomar en cuenta las siguientes precauciones:

a) Eliminar el peligro que representa la vulnerabilidad hablando claro de sus contactos pasados o presentes con la mafia y alejarse de la gente de los casinos.

b) practicar las virtudes, y

c) rodearse de personas realmente buenas en las que pueda confiar y que le ayuden en la difícil aventura que tiene por delante.

Unas palabras para los líderes extranjeros

Nadie puede pretender hablar en nombre de los líderes nacionales o sugerir acciones que deberían tomar.

Espero que puedan encontrar la paciencia en el entendimiento de que una de las fortalezas de Estados Unidos es que un presidente no puede durar más de 8 años, y que si éste actúa de manera destructiva, seguramente no durará más de 4, e incluso tal vez menos de eso.

El Dr. Ben Carson, un reciente e improbable partidario de Trump señaló que incluso si éste "no resultara ser tan buen presidente... solo lo sería por cuatro años".

A los compañeros americanos

Como complemento, a mis compañeros norteamericanos les digo lo siguiente: si Trump llega a ser presidente y empieza a crear un caos tanto en el frente interno como en el internacional, y si su inauguración estuviera acompañada por una ola de tiranía, los invito a no oponerse directamente a él.

Eviten los conflictos violentos.

Se puede lograr mucho más si retiramos nuestro apoyo a los actos de un tirano.

Nadie puede obligarnos a seguir leyes ilegales. No tenemos la obligación de apoyar a un gobierno opresor.

En un país como el nuestro, si Trump fomentara las acciones autocráticas o represivas, y si suficientes personas le retiraran su apoyo, no duraría mucho tiempo en el poder.

Agradecimientos

Gracias a todos aquellos que me ayudaron en esta tarea —están contemplados todos aquellos que me apoyaron aun sin saberlo.

Eso incluye a los bibliotecarios de la *University of Delaware's Morris Library*, la *Widener University's Wolfram Memorial Library*, el *Atlantic County Library System* y la *Atlantic City Free Public Library Heritage Collection*.

El apoyo del Señor Wayne Barrett fue particularmente importante.

Gracias a la gente de Atlantic City que compartió conmigo sus experiencias, incluyendo a los empleados de los casinos cuyos nombres no mencionaré.

El informe original de Wayne Barrett acerca de los vínculos de Trump con la mafia es un clásico de la investigación. El viaje de David Johnston al mundo de los cárteles de casinos, debería ser una lectura obligada para todos aquellos interesados en la economía o el servicio público. Las historias y descripciones de Glenda Blair sobre las bancarrotas de Trump son una lectura fascinante. La mirada de Tim O'Brien de Donald, el hombre; el recuento de John O'Donnell acerca del su intento fallido de ingresar a Atlantic City; y la visión incisiva de William Hurt III de sus actividades, son todos trabajos excepcionales. La magnitud de la avaricia política, la corrupción y la influencia de la mafia de Atlantic City, así como el lamentable papel que los casinos juegan, en ningún lugar se describen mejor que en el libro de Ovid Demaris.

Gracias a mi esposa por su constante amor y su apoyo, no solo por el último medio año, sino durante las últimas varias décadas.

Y, finalmente, gracias a mi hermana, Fran, por convertir mi desastre de manuscrito en un libro, le doy doblemente las gracias. Eres la mejor.

Bibliografía

Anastasia, George, *Blood and Honor. Inside the Scarfo Mob*, William Morrow and Company, Nueva York, 1991.

Barrett, Wayne, *The Deals and the Downfall*, Harper Collins, 1992.

Blair, Gwenda, *The Trumps: Three Generations that Built an Empire*, Simon and Schuster, 2000.

Blair, Gwenda, *Donald Trump*, Simon and Schuster, 2003.

Blair, Gwenda, *The Trumps: Three Generations of Builders and a Presidential Candidate*, Simon and Schuster, 2015.

Block, Alan, *East Side-West Side: Organizing Crime in New York. 1930-1950*, Transaction Publishers, 1983.

Clancy, Tom, and Stiner, General Carl (Ret.), *Shadow Warriors: Inside the Special Forces*, Berkeley Books, Nueva York, 2002.

Crawford, Phillip Jr., *The Mafia and the Gays*, Create Space Independent Publishing, 2015.

Critchley, David, *The origin of organized crime in America: the New York City mafia, 1891-1931*, Routledge Advances in American History, 2009.

D'Antonio, Michael, *Never Enough: Donald Trump and the Pursuit of Success*, Thomas Dunne Books, St. Martin's Press, 2015.

Demaris, Ovid, *The Boardwalk Jungle*, Bantam Books, NY, 1986.

Fischer, Steve, *When the Mob Ran Vegas*, MJF Books, 2007.

Gomes, Danielle & Bonnsinga, Jay, *Hit Me! Fighting the Las Vegas Mob by the Numbers*, Lyons Press, Conn. EUA, 2013.

Hortis, C. Alexander, *The Mob and the City: The Hidden History of How the Mafia Captured New York*, Prometheus Books, 2014.

Hurt, Harry III, *Lost Tycoon: The Many Lives of Donald J. Trump*, W.W. Norton & Company, 1993.

Johnston, David, *Temples of Chance: How American Inc. bought out Murder Inc. to win control of the Casino Business*, Doubleday, Nueva York, 1992.

O'Donnell, John R. and Rutherford, James, *TRUMPED! The Inside Story of the Real Donald Trump — His Cunning Rise and Spectacular Fall*, Simon and Schuster, 1991.

O'Brien, Timothy L, *TrumpNation: The art of being the Donald*, Grand Central Publishing, 2007.

Rickards, James, *Currency Wars: the making of the next global crisis*, Penguin Books, 2012.

Simon, Bryant, *Boardwalk of Dreams*, Oxford University Press, Nueva York, 2004.

Slater, Robert, *No Such Thing as Over-Exposure, Inside the Life and Celebrity of Donald Trump*, Prentice-Hall, 2005.

Trump, Donald J. con Tony Schwartz, *The Art of the Deal*, Warner Books, 1987.

Trump, Donald J. con Gordon, Michael G., *Entrepreneurship 101*, John Wiley & Sons, 2010. (Prólogo y Cap. 1 por DJT).

Trump, Donald J. con McIver, Meredith, *Think Like a Champion*, Vanguard Press, 2009.

Trump, Donald J., *Wealth Building 101*, John Wiley & Sons, 2007.

Trump, Donald J. con McIver y Kiyosaki, Robert T. con Lechter, Sharon, *Why We Want You to be Rich*, Rich Press, 2006.

Trump, Donald J., *Time to Get Tough*, Regnery Publishing, 2011.

Tuccille, Jerome, *Trump: Saga of America's Masterbuilder*, Donald I. Fine, Nueva York, 1985.

Von Hoffman, Nicholas, *Citizen Cohn*, Random House, 1988.